LA FRAC TURE

Ouvrage publié sous la direction de Jean-Baptiste Bourrat.

Les Arènes
17-19, rue Visconti, 75006 Paris
Tél. : 01 42 17 47 80
arenes@arenes.fr
www.arenes.fr

FRÉDÉRIC DABI
avec STEWART CHAU

LA FRACTURE

les arènes

À mon père, à Pisey, à Manon
À Silvia

« Nous sommes tous d'accord, je pense, pour convenir que notre travail est d'étudier la société. Si vous demandez pour quelle raison et pour quelle finalité, je répondrai ; parce qu'elle est là. »

Erving Goffman,
Les Moments et leurs hommes

INTRODUCTION

« C'est dur d'avoir 20 ans en 2020. » Cette formule du président de la République, qui claque comme un slogan, a déjà fait couler beaucoup d'encre. Cette affirmation faisant écho à la citation de Paul Nizan « J'avais 20 ans. Je ne laisserai personne dire que c'est le plus bel âge de la vie[1] » est à l'origine de ce livre.

La crise sanitaire hors norme et inédite a généré de multiples représentations sur la jeunesse. En attestent les dénominations telles que « génération sacrifiée », du fait des conséquences économiques, ou « génération précarisée », après les images d'étudiants en détresse dans les files d'attente devant les banques alimentaires, ou encore une « jeunesse en dépression » ne supportant plus l'enfermement, les cours à distance et la perte des liens sociaux qui font le sel de la vie. Mais la crise a également provoqué une irritation à l'égard d'une « jeunesse irresponsable, voire égoïste », qui, n'ayant que modérément respecté les mesures de restrictions et gestes barrière, aurait une part de responsabilité dans les rebonds de l'épidémie. Ce dernier point a de surcroît réactivé le débat, réel ou fantasmé, d'un affrontement entre générations. Cette lecture bifide de la réalité ne rend-elle pas compte de la relation complexe de cette jeunesse – de « ces » jeunesses, devrions-nous dire – aux autres générations ?

À l'orée de la campagne présidentielle, il nous a semblé important de faire le point et d'aller voir au plus près cette

1. Incipit d'*Aden Arabie* (1931).

jeunesse qui éprouve tant de difficultés à se définir et qu'on a du mal à définir, tant elle ne constitue en rien un bloc monolithique. Elle est, en effet, traversée par une diversité de situations et de points de vue. Une hétérogénéité que les multiples étiquettes qu'on lui accole peinent à restituer : « génération sacrifiée », comme on l'a dit, mais également « génération offensée », « génération Greta Thunberg », « génération Z », « génération Charlie », « génération *digital natives* »... Cette profusion d'étiquettes révèle surtout son caractère insaisissable. « Dans la jeunesse, c'est-à-dire nulle part ! » pour paraphraser Alfred Jarry à propos de la Pologne dans *Ubu Roi* : « En Pologne, c'est-à-dire nulle part ! »

Mais, résumer cette génération 2021 au cataclysme mondial généré par la crise du Covid-19 suffit-il ? Sommes-nous vraiment face à une jeunesse maudite, à une « mauvaise génération » déplorant cette malchance de vivre à notre époque et devant faire face à tant de défis ? De nombreuses questions préexistaient à la crise, que celle-ci a pu sans doute révéler et exacerber. Plus globalement, en quoi cette jeunesse croit-elle encore ? Quels sont ses systèmes de valeurs ? Quel idéal porte-t-elle, en société, au travail, en famille ? Comment interpréter son engagement pour les enjeux sociétaux et environnementaux dont elle semble être l'incarnation ? Comment cette sensibilité transforme-t-elle aussi les modes d'engagement venant interroger l'organisation et l'existence même des lieux du débat ? Les jeunes croient-ils encore en la démocratie et ses grands principes, tant leur distance et leur défiance à l'égard de la chose politique sont frappantes à quelques mois du scrutin présidentiel ?

Pour esquisser des réponses et dresser un panorama de cette jeunesse de France, ce livre s'appuiera sur de nombreuses enquêtes qualitatives et quantitatives, réalisées auprès des jeunes, mais surtout sur une grande enquête exclusive menée pour les éditions Les Arènes auprès d'un échantillon représentatif de la jeunesse française.

Cette étude ne sort pas de nulle part mais s'inscrit au contraire dans une histoire. Tout commence en 1957. Lors de cette année charnière qui voit agoniser la IVe République, l'hebdomadaire *L'Express* propose à l'IFOP (Institut français d'opinion publique), qui à l'époque est le seul institut de sondages sur la place de Paris[2], de réaliser une grande enquête en face-à-face par questionnaire auprès des 15-29 ans. Les résultats de ce sondage sont publiés sous forme de feuilleton pendant six semaines. Surtout, Françoise Giroud, cofondatrice de *L'Express*, invente à cette occasion le concept de « nouvelle vague », formule qui deviendra célèbre car elle anticipe l'affirmation de la jeunesse comme une catégorie sociale à part entière dans les années 1960 puis dans les décennies suivantes.

Le sondage Nouvelle Vague sera reconduit avec l'IFOP par *L'Express* tous les dix ans jusqu'en 1999, c'est-à-dire en 1969, 1979, 1988, et donc au tournant du siècle pour le 2500e numéro de ce magazine. Tombée dans un oubli relatif depuis plus de vingt ans, cette enquête Nouvelle Vague est donc « ressuscitée » à l'occasion de ce livre. Plus de 1 500 personnes âgées de 18 à 30 ans ont été interrogées du 12 au 17 février 2021 sur une trentaine de questions, certaines inédites en lien avec l'actualité, beaucoup d'autres barométriques, c'est-à-dire déjà posées par le passé.

---

2. La SOFRES fut créée en 1963.

L'observation de ces grands indicateurs de l'opinion des moins de 30 ans – dont certains items remontent à la première édition du sondage Nouvelle Vague, en 1957 – permettra d'analyser l'évolution du regard de la jeunesse sur soixante ans. Cette profondeur historique nous donnera des éléments de réponse à diverses interrogations : en quoi ces 18-30 ans constituent-ils une génération nouvelle par des représentations et comportements qui seraient difficiles à relier à la jeunesse des années 1980, 1990 ou 2000 ? Est-on en présence d'une génération qui se construit ou s'affirme contre celle de ses parents, à l'instar d'une partie de la jeunesse des années 1960 ?

Plus largement, il s'agira, pour chaque tendance observée, pour chaque thématique investiguée, de mobiliser deux grilles de lecture et d'analyse. D'une part, la notion de fractures. En quoi cette jeunesse à part est-elle, à travers ses opinions et points de vue, en décalage, en rupture même avec l'ensemble des Français sur la plupart des grands enjeux politiques, culturels et sociétaux ? La crise du Covid-19 n'a-t-elle pas accéléré une forme de sécession chez certains jeunes qui feraient de plus en plus souvent cavalier seul ? D'autre part, se fait jour un phénomène de fracturation interne à la jeunesse : et si la confrontation se situait moins entre les jeunes et leurs aînés qu'au sein même de la génération des moins de 30 ans ? Le phénomène d'« archipellisation » récemment décrit par le politologue Jérôme Fourquet[3] est-il à l'œuvre dans cette jeunesse si diverse, reflétant des situations si différentes pour ne pas dire antagonistes (quel récit commun entre

3. Jérôme Fourquet, *L'Archipel français. Naissance d'une nation multiple et divisée*, Le Seuil, 2019.

le lycéen, l'étudiant, le diplômé en recherche d'emploi, le jeune salarié, le créateur d'entreprise...) ? Celles-ci, créatrices de nouveaux clivages, ne viennent-elles pas émousser le sentiment d'appartenance à cette communauté de la jeunesse ?

PREMIÈRE PARTIE

UNE JEUNESSE *FLUCTUAT NEC MERGITUR*

UNE JEUNESSE DÉSENCHANTÉE DANS UNE ÉPOQUE MALCHANCEUSE

Bien sûr, le moment Covid que nous vivons collectivement, à la fois bouleversant et bouleversé, aura des impacts dont nous ne saurons appréhender l'ampleur avec objectivité que bien plus tard. Les conséquences d'une telle crise, tout à la fois sanitaire, économique et sociale, bousculent en profondeur l'ensemble de nos expériences. La jeunesse de France est ainsi entrée de plein fouet dans cette épreuve aussi difficile que décisive. Car cette étape l'engage également à ouvrir la voie à de nouvelles réflexions sur sa place, sur son rôle présent et à venir, sur ses failles mais surtout sur ses forces et ses atouts.

Il reste, à l'heure actuelle, difficile d'entrer dans une « historicité » de cette génération, tant nous manquons de recul pour comprendre comment elle se pense et se construit, comment elle s'invente et surtout se réinvente, à l'heure du coronavirus. Mais, sans trop nous avancer, nous pouvons d'ores et déjà l'affirmer : la jeunesse réinvente la jeunesse, car les jeunesses se suivent et ne se ressemblent pas. Une analyse historique et très avancée de l'opinion des jeunes sur plus d'un demi-siècle nous permet en effet de dresser un premier état des lieux, un premier « diagnostic » de l'état d'esprit de cette jeunesse de France en 2021 en regard des générations qui l'ont précédée.

Cette ambition d'une « mise en perspective historique de l'opinion » au moyen des enquêtes IFOP Nouvelle Vague, la première de la série datant de 1957, nous permettra de comprendre un peu mieux comment lire et interpréter cette génération si singulière, évoluant dans une période hors norme. Les résultats de différentes enquêtes d'opinion, et notamment la dernière édition de la Nouvelle Vague[1], dessinent une première tendance majeure : en soixante ans, la jeunesse de France apparaît en voie de désenchantement.

En effet, le premier indicateur de notre sondage inédit révèle une forme d'effondrement du niveau de bonheur que nous observons, laissant penser que nous sommes face à une « mauvaise génération ». Mais au-delà de ce constat morose, c'est aussi un nouveau rapport au temps qu'expriment ces jeunes, un temps qui s'accélère et qu'il faut apprendre à maîtriser. Enfin, corollaire de ces incertitudes, c'est un évanouissement de la notion d'idéal qui définit sans doute le mieux cette génération marquée par les crises multiples.

Alors, qu'est-ce qui constitue cette jeunesse désenchantée ? Comment définir ce désenchantement progressif ? S'inscrit-il dans la durée ou relève-t-il d'une simple parenthèse liée au Covid ?

---

1. Enquête IFOP pour les éditions Les Arènes, 1 513 personnes âgées de 18 à 30 ans interrogées en ligne du 12 au 17 février 2021, selon la méthode des quotas.

LA « MAUVAISE GÉNÉRATION » OU L'EFFONDREMENT DU BONHEUR

Force est de constater que les premiers indicateurs de l'étude Nouvelle Vague menée depuis 1957 montrent un effondrement du niveau de bonheur chez les jeunes Français depuis la dernière enquête, menée en 1999.

Question : Estimez-vous que vous êtes... ?

	1957	1968	1978	1988	1999	2021
TOTAL Heureux	**85**	**89**	**93**	**90**	**95**	**84**
Très heureux	24	35	34	29	46	19
Assez heureux	61	54	59	61	49	65
TOTAL Pas heureux	**14**	**9**	**6**	**2**	**5**	**16**
Pas très heureux	14	9	6	2	5	13
Pas heureux du tout	-	-	-	-	-	3
Ne se prononcent pas	1	2	1	8	-	-
TOTAL	100	100	100	100	100	100

À partir de l'année 1957, où 85 % des 18-30 ans s'estimaient « heureux », le niveau de bonheur des jeunes Français n'a cessé de croître, et ce de manière plutôt régulière. Ces scores sont en progression jusqu'en 1999, où ils culminent à leur niveau le plus haut : à la fin du siècle dernier, 95 % des jeunes se déclaraient heureux[2]. « Tous des anges, de là-haut cette vie est belle », chante d'ailleurs Zazie à cette époque-là. En rupture avec la génération des

2. Enquête IFOP pour *L'Express*, 600 personnes âgées de 15 à 29 ans interrogées par téléphone du 18 au 19 mai 1999.

années 1960 ou celle des années 1980, assez dubitatives quant à leur bonheur (plus ou moins un quart des sondés se disent très heureux), les moins de 30 ans interrogés en 1999 apparaissent comblés. Quand on leur demande ce qui va bien, ils mobilisent spontanément à la fois des éléments personnels (la famille 35 % ou la vie affective 31 %) et des dimensions professionnelles (le travail 38 % ou les études 31 %). Dans le contexte des années Jospin où le chômage décroît fortement, 70 % d'entre eux considèrent que leurs études les ont armés ou vont les armer pour l'avenir.

En février 2021, soit vingt-deux ans après la dernière vague et un an après l'apparition de la crise sanitaire, le ressenti de la jeunesse a fortement changé : 84 % des jeunes se déclarent « heureux », un score en recul de 11 points. Mais cette baisse, relative au global, s'observe surtout sur les items les plus prononcés, c'est-à-dire la part de ceux qui se déclarent « très heureux ». Depuis 1957, sur l'ensemble des vagues menées tous les dix ans, en moyenne un tiers des jeunes s'estiment « très heureux ». En 1999, une forme d'épanouissement généralisé semblait s'exprimer dans la jeunesse française. À cette date, près de la moitié des jeunes Français (46 %) exprimaient intensément ce bonheur avec une part de « très heureux » jamais atteinte depuis le lancement de cette étude.

En 2021, le changement d'ambiance semble net et radical. La tendance révélée par les résultats de cette dernière vague est sans appel : seuls 19 % des jeunes de 18-30 ans en France se disent « très heureux », soit une chute spectaculaire de 27 points.

Alors, est-ce « l'effet Covid » ? Ses conséquences touchent depuis plus d'un an et demi cette génération sans qu'une issue claire se dessine. L'incertitude sur l'avenir et l'incapacité de se projeter impactent assurément le niveau de bonheur. Mais cette baisse ne puise-t-elle pas sa source bien en amont, par exemple dans les différents attentats qui ont frappé la France et sa jeunesse ces dernières années[3] ? Ou dans la montée du populisme à l'échelle mondiale ? Ou faut-il y voir le stigmate de la crise écologique, aux conséquences dévastatrices et concrètes ? Est-ce globalement l'expression d'un « mal jeune », validant la thèse du président Emmanuel Macron, lors de son intervention télévisée du 14 octobre dernier, selon laquelle il serait « dur d'avoir 20 ans en 2020 » ? Ou peut-être est-ce aussi la définition du bonheur, plus exigeante, plus complexe, qui rend ce sentiment de bonheur plus difficile à concevoir pour un jeune aujourd'hui ? Sans doute est-ce tout à la fois.

Nous avons ainsi cette impression d'être face à une jeune génération qui doute de ses espérances, cherchant encore sa voie dans un moment inédit qui remet au goût du jour l'incertitude des temps qui viennent. Ce que résument assez bien les paroles de la chanson « What's up » de Linda Perry : « *Twenty-five years and my life is still, trying to get up that great big hill of hope, for a destination.* » Que l'on pourrait traduire ainsi : « Vingt-cinq ans et ma vie consiste encore à essayer d'escalader cette grande colline d'espoir, en quête d'une destination »...

Au-delà de l'effondrement collectif observé sur ce premier indicateur de bonheur, quelles singularités apparaissent ? Quelle jeunesse se montre plus désenchantée ou moins heureuse ? Car ces données globales masquent de

3. Invités dans l'enquête Nouvelle Vague 2021 à indiquer l'événement survenu au cours des douze dernières années qui les a le plus marqués, plus de trois quarts des jeunes mentionnent les attentats du 13 novembre 2015 (47 %) ou celui contre la rédaction de *Charlie Hebdo* (30 %).

réels clivages, voire des fractures intra-générationnelles, dans ce sentiment de bonheur personnel. La jeunesse n'est pas et n'a jamais été d'ailleurs, un bloc homogène, à l'image de la société française dans son ensemble. Elle renferme en elle-même des disparités et des expériences multiples. L'analyse de cet indicateur d'opinion sur le bonheur devrait donc révéler cette diversité d'appréhension et d'expérience. Pour autant se fait jour une première surprise : le fait de se déclarer heureux n'oscille guère selon le sexe et l'âge alors que ces deux variables constituent traditionnellement les points les plus discriminants dans le cadre des enquêtes d'opinion menées auprès de la jeunesse. C'est dire si l'effondrement du niveau de bonheur a touché de plein fouet l'ensemble des jeunes.

Néanmoins, d'autres fractures se dessinent. Les plus marquantes correspondent à la catégorie sociale subjective, c'est-à-dire la classe sociale à laquelle les répondants estiment appartenir. En effet, si 43 % des jeunes interrogés se considérant comme « privilégiés » se déclarent « très heureux », ils ne sont que 12 % et 13 % parmi ceux qui se voient membres des catégories populaires, voire défavorisées. Le niveau de bonheur reste par ailleurs étroitement corrélé au niveau de diplôme, sésame essentiel dans la vie des jeunes Français. Ceux qui possèdent un niveau de diplôme supérieur au baccalauréat se disent en tendance bien plus « heureux » que les jeunes peu ou pas diplômés.

Enfin, à croire que le bonheur n'est réel que lorsqu'il est partagé, les jeunes en couple sont bien plus « heureux » que les jeunes « célibataires ». Quand les premiers cités sont 23 % à se dire « très heureux », ils ne sont que 12 % chez les jeunes célibataires à s'exprimer ainsi, un écart notable de 11 points. Mais plus encore, se sentir heureux, c'est aussi se sentir « intégré ». Le sentiment de bonheur personnel est lié à un facteur d'intégration à la société très fort. Exprimer son bonheur, c'est d'une certaine manière exprimer aussi un regard sur soi « avec les autres », se construire dans une altérité.

Deux indicateurs révèlent cet enseignement majeur. D'une part, nous remarquons qu'auprès des jeunes qui se déclarent « fiers d'être Français » le sentiment de bonheur individuel est nettement supérieur, comparé aux autres (l'écart entre les scores est de 16 points). D'autre part, le niveau de bonheur exprimé ici est également corrélé au regard porté sur la société, et notamment au sentiment de vivre ou pas dans une société « juste ». Cette dimension et plus largement la question des inégalités constituent, on le découvrira, la pierre angulaire de l'appréhension par les jeunes de l'état de la société.

Si 24 % des jeunes qui estiment vivre actuellement dans une société juste déclarent être « très heureux », ils ne sont que 15 % parmi ceux qui dénoncent une société injuste. Dès lors, même si cela ne démontre sans doute pas une singularité « jeune » ni une tendance nouvelle, le bonheur de la jeunesse que l'on pense individualiste, renfermée, est tout autant une question d'intégration collective et de regard posé sur la société et sur son temps…

Une fois établi ce diagnostic en apparence terrible, quelles premières explications pourrait-on apporter à ce désenchantement de la jeunesse ? Comment analyser cet effondrement du sentiment de bonheur, alors que des maux comme le Sida, le chômage de masse ou la nouvelle pauvreté, qui avaient touché la jeunesse des années 1980 et 1990, avaient finalement eu un effet assez marginal sur cet indicateur ?

MANQUE DE CHANCE ET MANQUE DE TEMPS

Corollaire de l'effondrement du bonheur, ou une de ses causes explicatives, l'idée que vivre à l'époque actuelle représente une « chance » est très loin de convaincre la jeunesse française. Loin du temps des insouciances, où l'on pensait tout possible, la jeunesse de 2021 est claire : vivre sa vie dans la France d'aujourd'hui n'est pas vraiment une chance. Là encore, cette tendance est à relier à une approche historique de l'opinion. En effet, entre 1968 et 1999, les jeunes sont plutôt convaincus que vivre à leur époque constitue « plutôt une chance ». À ce titre, en 1999, ils sont 83 % à l'exprimer – ce qui, à ce moment, représentait une hausse de 15 points par rapport à 1988. Ici encore, la jeunesse de la fin du XXe siècle manifestait une singulière joie de vivre en s'estimant chanceuse de vivre à son époque : ce ressenti exprimé était même supérieur de 30 points à celui des jeunes des années 1950.

En février 2021, seulement 47 % des 18-30 ans affirment que vivre à l'époque actuelle constitue une chance. En regard des scores de 1999, c'est une chute de 36 points, soit une évolution considérable et frappante qui ne survient qu'exceptionnellement dans une série s'inscrivant sur le temps long. En parallèle, le sentiment de « malchance » à vivre à l'époque actuelle a tout simplement doublé en vingt-deux ans. Aujourd'hui, près de 1 jeune sur 3 (30 %) considère que vivre à notre époque est plutôt une malchance, un score qui n'avait jamais dépassé les 18 % à chaque vague d'enquête depuis 1957. Tout cela laisse à penser que la jeunesse de 2021 considère, en partie, vivre dans une période « maudite ». Et pour renforcer cette « *fatalitas* », à l'instar du premier indicateur sur le bonheur, les clivages de genre et d'âge (les 18-20 ans *versus* les 21-24 ans ou les 25-30 ans) sont inopérants. Toutes et tous partagent ce sentiment de malchance.

Question : Trouvez-vous que vous avez plutôt de la chance ou plutôt de la malchance de vivre à l'époque actuelle ?

	1957	1968	1978	1988	1999	2021
	(%)	(%)	(%)	(%)	(%)	**(%)**
Plutôt de la chance	53	77	71	68	83	**47**
Plutôt de la malchance	18	13	15	14	15	**30**
Ne se prononcent pas	29	10	14	18	2	**23**
TOTAL	100	100	100	100	100	**100**

Toutefois, des clivages intra-générationnels sont probants. La fracture sociale est structurante entre les jeunes se considérant comme privilégiés ou aisés, qui eux portent un regard plutôt positif sur leur temps, et ceux qui estiment plutôt appartenir aux classes sociales moyennes et inférieures, et qui déplorent cette époque malchanceuse. Des écarts de 30 à 50 points peuvent être relevés entre ces catégories, des fractures que l'on n'avait jamais enregistrées à ce niveau-là dans les enquêtes précédentes.

Tout se passe donc comme si le sentiment de « vulnérabilité sociale », notamment, amplifiait encore ce sentiment de malchance, faisant douter ces jeunes socialement fragiles de leur capacité à croire encore à un avenir meilleur. Référence est ici faite à cette jeunesse éprise de désillusion, désenchantée, évoquée précédemment. Il s'agira par la suite de nuancer cet état de fait : désillusion ne rime en rien avec résignation. Quoi qu'il en soit, l'idée d'une époque maudite, éprouvante, malchanceuse gagne clairement la jeunesse, à un niveau historiquement haut. Cet état de l'opinion pourrait conduire à un désengagement progressif de la chose publique, voire de l'engagement politique, alors que le pays se prépare à la campagne présidentielle, moment d'introspection nationale au sein duquel la question de la jeunesse est, on le verra, centrale.

Cette vision négative de l'époque actuelle se nourrit aussi d'une nouvelle temporalité propre à notre société. Nous assistons, en parallèle à ce sentiment désenchanté, à une forme d'accélération du temps telle que la définit Hartmut Rosa[4]. Un phénomène qui ne semble pas être ignoré par la jeunesse de 2021, profondément impactée par ce nouveau rapport au temps. Cette jeunesse que l'on dit pressée, peu patiente et qui face au Covid ronge son frein, n'exprime-t-elle pas finalement cette nécessaire adaptation à une société qui va de plus en plus vite, à un temps qui s'accélère considérablement ? Sans doute, à en croire les éléments que les jeunes de 18 à 30 ans considèrent comme les plus importants et constitutifs d'une vie réussie.

4. Hartmut Rosa, *Accélération*, La Découverte, 2010 ; Hartmut Rosa, *Aliénation et Accélération*, La Découverte, 2014.

Question : Selon vous, qu'est-ce qui est le plus important pour avoir une vie réussie ?

	2007	2016	2020	2021
Avoir une famille heureuse	78	75	62	**62**
Avoir du temps libre pour pouvoir profiter de la vie	31	45	41	**42**
Avoir de vrais amis	38	39	32	**33**
Être amoureux	21	24	28	**32**
Avoir de l'argent	25	25	30	**32**
Faire une belle carrière professionnelle	25	15	24	**24**
Vivre en conformité avec ses convictions ou avec sa foi	32	27	26	**16**
TOTAL	(*)	(*)	(*)	**(*)**

(*) Total supérieur à 100, les interviewés peuvent donner jusqu'à trois réponses.

Si la cellule familiale reste un constituant majeur d'une vie réussie, une tendance stable et inchangée que nous observons au gré des vagues d'opinion, disposer de temps libre pour soi est devenu depuis quelques années une préoccupation des jeunes Français. En effet, avoir une vie réussie, c'est d'abord « avoir du temps libre pour profiter de sa vie » pour 42 % des 18-30 ans de 2021. C'est même le deuxième élément cité après « avoir une famille heureuse ». Bénéficier de temps pour soi devance en termes de priorité des aspects aussi fondamentaux que les amis (33 %), la vie amoureuse (32 %), mais aussi avant « l'argent » (32 %) ou la réussite de la « carrière professionnelle » (24 %).

L'importance du temps et de sa maîtrise prend de l'ampleur depuis un certain nombre d'années. En 2007, avoir du temps pour profiter de la vie n'était plébiscité que par 31 % des jeunes. En regard des scores passés, c'est une progression de plus de 10 points en quatorze ans, qui marque peut-être l'entrée dans une société nouvelle, dont le rapport à la temporalité ne cesse de se transformer. Nous sommes donc, en réalité, face à une jeunesse à la recherche de temps pour soi.

De manière assez attendue mais pas inintéressante, c'est à partir de 25 ans que ce besoin s'exprime davantage. Cela s'explique sans doute par la fin des études supérieures pour certains, l'entrée dans la vie active pour d'autres, avec cette difficulté à gérer les frottements entre les sphères professionnelle et personnelle. Ce cap des 25 ans marque donc une forme de rupture dans l'appréhension du temps. C'est encore plus flagrant chez les jeunes femmes entre 25 et 30 ans, notamment les jeunes mères pour qui le temps est le plus précieux. Elles sont en effet près de la moitié à estimer qu'une vie réussie rime avec la capacité à trouver du temps pour profiter de la vie.

Est-on en présence d'une jeunesse pressée ou sous pression, une jeunesse qui fuit le temps ou, au contraire, qui tente de le rattraper et de le retrouver ?

Les jeunes Français sont sur ce point très clairs : la vie presse et n'attend pas. « On ne vit qu'une fois, alors il faut que chaque jour compte » est le constat partagé par 92 % des 18-30 ans en 2021, à la manière d'une génération « premier jour du reste de ta vie ». La crise sanitaire que nous traversons a considérablement allongé ce temps en une épreuve presque infinie. Malgré cet étirement des durées, le sentiment d'urgence demeure chez les jeunes Français actuels. Comme si finalement, face au désenchantement progressif – cet effondrement du bonheur en cette époque maudite –, la jeunesse voulait comprendre comment, à présent, « rechercher un peu de magie, dans cette inertie morose[5] ».

5. Étienne Daho, « Le premier jour du reste de ta vie ».

LA PERTE D'UN IDÉAL OU LA RÉINVENTION DES IDÉAUX

Cet effondrement du niveau de bonheur et le sentiment de vivre à la mauvaise époque dans une société malchanceuse pourraient nous conduire au constat « abominable » d'une « génération damnée ». Si cet état de fait ne pourrait suffire à définir la génération 2021, force est de constater qu'elle est en quête de nouveau, d'un renouveau. Et sûrement qu'à la recherche du temps pour soi, que nous venons de décrire, s'ajoute la recherche d'un nouvel idéal. Car, corollaire d'une jeunesse désenchantée, ces 18-30 ans semblent tout autant en perte « d'idéal ».

Dans l'étude Nouvelle Vague de 2021, 42 % des jeunes âgés de 18 à 30 ans déclarent nécessaire d'avoir un idéal pour vivre. Mise en perspective avec les données d'opinion passées, la présence d'un idéal chez les jeunes est en net recul depuis 1957. À cette époque, 78 % des 18-30 ans considéraient qu'un idéal était nécessaire pour vivre. En 1999, 82 % des jeunes croyaient encore à l'importance d'un idéal dans leur vie, la chute est donc à nouveau vertigineuse sur ces vingt dernières années. Elle représente une perte de 42 points en l'espace de vingt-deux ans.

Question : Croyez-vous qu'il est nécessaire d'avoir un idéal pour vivre ?

	1957	1978	1988	1998	2021
Oui	78	83	69	82	**42**
Non	9	14	24	18	**46**
Ne se prononcent pas	13	3	7	-	**12**
TOTAL	100	100	100	100	**100**

Dans le détail des réponses, la difficulté à concevoir un idéal pour vivre touche l'ensemble des segments de la jeunesse sans différence d'âge, de catégorie sociale (à peine deux points d'écart entre les cadres ou les professions intellectuelles et les catégories populaires) ou d'appartenance partisane. Seul le genre a un effet: la projection dans un idéal semble plus malaisée encore chez les femmes (notamment celles âgées de 21 à 24 ans).

Cette perte d'idéal nous interroge: en quoi les jeunes peuvent-ils bien croire? Ou à défaut, en qui peuvent-ils encore croire? En premier lieu, cette jeunesse « désidéalisée » n'est pas pour autant en reste de héros. Interrogés en février 2021 sur les figures vivantes ou disparues qu'ils admirent le plus, les répondants mentionnent sans surprise des modèles familiaux, à savoir leurs parents (plus souvent leur mère que leur père) et grands-parents. Émergent également des personnages historiques français comme Charles de Gaulle, partageant l'affiche avec des figures internationales disparues (Gandhi, Nelson Mandela) ou contemporaines (Barack Obama). Parmi les personnalités admirées, on note une surreprésentation de figures historiques ou de personnages ayant incarné une cause à laquelle ils ont sacrifié leur vie.

Cette importance accordée aux grandes figures politiques, qu'elles soient disparues ou vivantes, appartenant aux canons de notre histoire collective, tranche avec l'absence quasi totale de dirigeants actuellement aux affaires ou au cœur de l'actualité. On peut voir dans cette admiration portée à des modèles de proximité (le cercle familial) ou à des personnalités du passé un premier signe de distanciation des jeunes vis-à-vis de l'engagement politique. Il y a ici, nous le verrons plus tard, une tendance forte et en rupture avec les jeunes générations passées.

Cette perte d'idéal exprime certes une mise en question de l'engagement, mais elle souligne surtout les doutes qui submergent les jeunes d'aujourd'hui. Le doute notamment quant à leur capacité à changer les choses, à les rendre possibles ou réalisables. C'en est fini de cette jeunesse du « tout est possible », celles des années 1970 et d'une partie des années 1980. À cette époque, et malgré le déclenchement d'une crise économique après les deux chocs pétroliers, semblait régner un parfum de liberté très fort. L'élection de Valéry Giscard d'Estaing, qui se voulait le président de la modernité, comme la montée d'une gauche socialiste s'emparant des sujets sociétaux s'inscrivaient dans ce cadre. On aimait à dire alors que l'idéal pour la société à venir était là, concret et à portée de main. Le champ des possibles était ouvert, tout apparaissait réalisable. Les grandes avancées sociétales voyaient le jour sous l'impulsion de forces politiques de tout bord. Le Mouvement de libération des femmes émergeait et obtenait des avancées considérables, qui venaient consommer la rupture avec le temps d'avant. La loi pour l'interruption volontaire de grossesse (IVG) portée par Simone Veil est adoptée le 17 janvier 1975 ; la même année, c'est le divorce par consentement mutuel qui est mis en place. Cette dynamique, ainsi que l'abaissement en 1974 de la majorité de 21 à 18 ans, propulse les jeunes au cœur des enjeux de société, les rend acteurs du conflit social, moteurs du changement social.

Loin de l'euphorie de ces années libres et enchantées, la jeunesse de 2021, qui a pourtant vu élire le plus jeune président de la Ve République, auquel elle aurait pu massivement s'identifier, semble bien moins portée par un idéal vivifiant, enthousiasmant. Plus encore, elle doute de sa place dans le mouvement social, de son rôle de fer de lance des avancées désirables – qu'elle peine d'ailleurs à définir. Si la perte de l'idée d'« idéal » peut être perçue comme une forme de désintérêt pour la chose politique, n'est-elle pas tout autant l'expression d'une incertitude de plus en plus marquée à l'égard de l'avenir, par ailleurs amplifiée par la crise actuelle ? Car il semble évident que le doute guide cette jeune génération qui donne l'impression d'accepter les aléas, les bouleversements. Une succession de « crises » a miné son idéal.

Ballottés d'une crise à l'autre – des attentats à l'urgence climatique en passant par les conséquences sanitaires et économiques du Covid-19 –, les jeunes peuvent laisser penser qu'ils préfèrent se prémunir de tout idéal pour l'avenir, de tout rêve, par peur d'être déçus. Cette perte d'idéal manifesterait finalement les espoirs déchus d'une génération qui sait déjà trop que les choses peuvent basculer d'un instant à l'autre. Mais la désillusion a-t-elle, pour autant, frappé irrémédiablement la jeunesse ? Pas si sûr.

UNE JEUNESSE DUREMENT ÉPROUVÉE PAR LA CRISE SANITAIRE

Ces premiers indicateurs analysés à partir de l'enquête Nouvelle Vague 2021 enregistrent de manière spectaculaire une dégradation de l'état d'esprit des moins de 30 ans. En rupture totale avec la jeunesse de la fin des années 1990, le bonheur semble avoir fui beaucoup de jeunes Français, désormais en perte d'idéal et qui en viennent à incriminer l'époque malchanceuse dans laquelle ils vivent. Sur ce dernier point, on pense immédiatement à relier ces perceptions massivement ressenties par les jeunes à la crise du coronavirus. En dépit de l'absence de recul sur une crise mondiale qui se déroule toujours sous nos yeux et dont les soubresauts ou les conséquences restent incertains, celle-ci constitue un « événement météorite » qui est venu percuter notre pays et s'immiscer dans la vie des Français.

Là réside peut-être une spécificité de la jeunesse : sa vision de cette crise. Certes, cet événement aux conséquences sanitaires et socio-économiques protéiformes relève de notre expérience collective. Sa première conséquence, à savoir la mise du pays sous cloche avec le premier confinement débuté le 17 mars 2020, a peu ou prou impacté l'ensemble des Français, quelle que soit leur génération. Pour autant, la jeunesse a sans nul doute vécu et vit toujours cette crise de manière singulière, au regard des représentations communes que le Covid a forgées parmi les 18-30 ans. Les données Nouvelle Vague 2021 révèlent en effet des points de vue très convergents dans cette jeunesse atteinte de plein fouet par cette crise. Un véritable constat commun cimente même les discours, loin des clivages traversant traditionnellement la jeunesse sur de nombreux sujets.

Question : Voici différentes affirmations relatives à la crise du coronavirus et les jeunes générations (les jeunes âgés de 18 à 30 ans), pour chacune d'entre elles, veuillez indiquer si vous êtes d'accord ou pas d'accord.

Récapitulatif : Total D'accord

	Rappel Jeunes de moins de 30 ans Octobre 2020	**Ensemble Février 2021**
	(%)	**(%)**
Ce sont les jeunes générations qui vont payer pendant des décennies la dette contractée au cours de la crise du coronavirus	87	**88**
Avec la crise du coronavirus, c'est difficile pour les jeunes d'avoir une vie sociale et affective normale	78	**87**
Les étudiants se trouvent dans une situation de détresse jamais vue	Non posé	**83**
Le coronavirus rend indispensable la mise en place d'une aide de 500 euros par mois pour les jeunes touchés par les conséquences de la crise	Non posé	**74**
Les jeunes générations sont injustement accusées d'être responsables de la reprise de l'épidémie	66	**70**
Avec la crise du coronavirus les jeunes générations ont été sacrifiées au profit des Français les plus âgés	54	**68**

D'abord sur la projection économique : 88 % des 18-30 ans (dont 50 % se déclarant même tout à fait d'accord) partagent la certitude que « les jeunes générations vont payer pendant des décennies la dette contractée au cours de la crise du coronavirus ». Dans un contexte où l'inquiétude économique sur les effets du Covid-19 est massive, les jeunes, loin d'adhérer aux discours sur l'argent magique, ont largement intériorisé les limites du « quoi qu'il en coûte » et font preuve d'une forte maturité économique. À cette solidarité des jeunes par la dette se superpose l'impact du Covid sur la sphère privée. Près de 9 jeunes sur 10 (87 %) estiment qu'« il est difficile pour les jeunes d'avoir une vie sociale et affective normale ». Notons que cette rupture affective et sociale entraînant pour ces jeunes un sentiment de vie confisquée ou en suspens a progressé au fur et à mesure que l'incertitude sur la sortie de crise s'installait. Ainsi, une enquête menée auprès de cette génération des moins de 30 ans début octobre 2020[1], c'est-à-dire avant le deuxième confinement, enregistrait déjà ce sentiment de vie sociale tronquée mais à hauteur de 75 %, soit 12 points de moins par rapport à février 2021.

Enfin, un double sentiment de stigmatisation et de sacrifice vient parachever ces représentations homogènes sur le coronavirus : 70 % des personnes interrogées considèrent les jeunes générations comme « injustement accusées d'être responsables de la reprise de l'épidémie », tandis qu'un pourcentage équivalent (68 %) estime que « ces jeunes générations ont été sacrifiées au profit des Français les plus âgés ». Le fait que ces deux perceptions

---

1. Enquête IFOP pour *La Tribune*, 1 017 personnes âgées de 18 à 30 ans interrogées en ligne du 2 au 6 octobre 2020, selon la méthode des quotas.

soient aussi fortement partagées ne peut laisser indifférent, tant elles donnent à voir une jeunesse fragilisée s'inscrivant dans une logique de citadelle à la fois assiégée et abandonnée, et se percevant comme une génération à la fois coupable et sacrifiée.

Ainsi, par son côté implacable, ses effets intrusifs jusque dans la sphère privée (de la crainte d'être contaminé chez soi jusqu'aux injonctions des pouvoirs publics sur notre vie privée), sa capacité à imprimer depuis mars 2020 sa cadence à nos vies, le coronavirus a eu pour effet d'homogénéiser le regard des jeunes sur cette crise et d'unifier celui des Français sur leur classe d'âge. Aussi peut-on voir le coronavirus comme facteur central dans l'émergence d'une génération reliant ces 18-30 ans autour de ces représentations sur la crise. Celle-ci permet une relecture commune par les jeunes de la réalité qu'ils vivent.

Dans ce cadre, l'hypothèse d'une génération Covid-19 est validée par deux caractéristiques traditionnellement identifiées par la recherche historique. Il s'agit d'une part d'une forme d'opposition ou de confrontation des jeunes à leurs aînés, qui d'ailleurs n'est pas obligatoirement conflictuelle. En attestent les deux tiers des jeunes considérant avoir été sacrifiés au profit des personnes les plus âgées. D'autre part, les historiens relient la notion de génération à un événement fondateur par rapport auquel une génération « est censée forger son identité, éprouver sa contemporanéité, s'approprier son temps, y sourcer une mémoire collective[2] ».

---

2. Pierre Favre (*in* Congrès de l'Association française de Science politique, 1981), cité par Olivier Galland dans *Sociologie de la jeunesse*, Armand Colin, 2017.

En lisant ces lignes, on pense irrésistiblement à la génération de 14 avec l'événement de la Première Guerre mondiale à la puissance dévastatrice. Mais, par-delà les comparaisons historiques, le *momentum* Covid peut être légitimement convoqué en tant qu'événement fondateur, au regard de sa capacité à cristalliser les opinions et perceptions des moins de 30 ans et par là à susciter une conscience générationnelle. Les jeunes ne se trompent d'ailleurs pas sur la dimension fondatrice de cette crise hors norme et inédite. Invités dans l'enquête Nouvelle Vague à indiquer l'événement survenu en France et dans le monde qui les a le plus marqués, 62% des 18-30 ans citent la crise du Covid (35% en première citation), qui devance des événements aussi divers que les attentats terroristes de 2015, le mouvement des Gilets jaunes, la deuxième victoire de la France lors de la Coupe du monde de 2018, l'incendie de Notre-Dame de Paris ou l'élection de Donald Trump.

La vision qu'a la jeunesse de la pandémie à travers ce diagnostic commun se nourrit également de ses effets dévastateurs sur l'ensemble de la vie quotidienne des 18-30 ans. L'impact le plus frappant est d'abord psychologique. Notre enquête exclusive vient en effet spectaculairement objectiver la réalité d'un désarroi ou d'une détresse morale de la jeunesse, abondamment relayée par la sphère médiatique. Ainsi, 58% des 18-30 ans déclarent avoir été concernés depuis le début de la crise du coronavirus par un sentiment de déprime ou de dépression. Au-delà du choc occasionné par ce chiffre majoritaire, on observe un profil spécifique de jeunes concernés par cet état dépressif: les femmes plus que les hommes (62% *versus* 53%), les moins de 20 ans (64%) et les lycéens majeurs (71%).

En revanche, ce sentiment de déprime n'est pas véritablement indexé sur la catégorie sociale d'appartenance ou sur la sympathie partisane (gauche 60 %, droite 65 %), même si le fait d'éprouver une dépression s'avère plus intense à la gauche extrême du spectre politique (67 % chez les sympathisants LFI et chez ceux d'EELV).

Question : Vous personnellement, depuis le début de la crise du coronavirus, avez-vous été concerné par… ?

Ensemble Février 2021

	Oui	Non	TOTAL
	(%)	(%)	(%)
• Un sentiment de déprime/de dépression	58	42	100
• L'annulation d'un stage	24	76	100
• La perte d'un emploi (non-renouvellement d'un contrat, licenciement)	22	78	100
• L'interruption d'une formation	21	79	100
• Le fait d'avoir des pensées suicidaires	19	81	100
• La prise de médicaments anxiolytiques ou antidépresseurs	16	84	100
• Le recours à une association (comme les Restos du cœur ou le Secours catholique) pour vous procurer des denrées alimentaires ou des produits de première nécessité	16	84	100

Enfin, les étudiants (62 %) apparaissent comme une des catégories les plus touchées par ce mal-être. Ce ressenti objectif nourrit une représentation globale à l'œuvre dans l'ensemble de la jeunesse : 83 % des jeunes interrogés considèrent que « les étudiants se trouvent dans une situation jamais vue ». Dans ce cadre, la figure de l'étudiant en souffrance, empêché par la crise de vivre ses meilleures années, contribue à cristalliser cette génération Covid. Plus préoccupant encore, la prise de médicaments anxiolytiques ou antidépresseurs (16 %), voire le fait d'avoir des pensées suicidaires (19 %), touche près de 1 jeune sur 5, avec les mêmes segments plus fortement concernés. Bien sûr, il convient d'adopter une posture de prudence face à ce résultat issu d'une enquête d'opinion qui n'est pas un diagnostic médical et qui n'aborde qu'à la marge, parmi une grande diversité de thèmes, les questions de santé mentale.

Parallèlement se font jour des difficultés liées à l'insertion professionnelle, qui touchent peu ou prou 1 jeune sur 4 à 1 jeune sur 5, que ce soit l'annulation d'un stage (24 %), la perte d'un emploi (non-renouvellement d'un contrat, licenciement : 22 %) ou l'interruption d'une formation (21 %). Ces expériences, certes « minoritaires », doivent là aussi ne pas être négligées, ne serait-ce que dans une logique d'extrapolation. En effet, un cinquième des jeunes concernés par l'interruption d'un contrat, mesuré dans une enquête d'opinion, cela correspond à une multitude de cas concrets. L'addition de ces expériences matérialise l'impact négatif de la crise sur la capacité de cette génération à s'insérer professionnellement, notamment de la part de segments particuliers révélés par l'analyse détaillée des réponses. On observe ainsi des difficultés plus intensément exprimées par les jeunes hommes (24 % s'agissant de la perte de l'emploi, voire 26 % chez les hommes de 25 à 30 ans) et bien entendu les étudiants. Sur cette dimension d'insertion sociale, la fracture sociale constitue un facteur structurant. Les catégories les plus vulnérables, pâtissant d'un revenu inférieur à 1 300 euros, cumulent le plus de difficultés dans leur parcours d'insertion avec des scores de 7 à 10 points au-dessus de la moyenne sur l'annulation d'un stage ou la perte d'un emploi.

Ces bouleversements très concrets liés à l'impact de la crise sur le quotidien d'une partie de la jeunesse produisent enfin des effets sur la manière dont l'ensemble des 18-30 ans se perçoivent et se projettent. Deux dimensions directement tributaires de la crise sanitaire qui se déroule sous nos yeux émergent et se situent sur le terrain de l'inédit.

D'une part se diffuse indéniablement dans cette jeunesse un sentiment de déclassement. Les résultats observés sur l'autopositionnement social, c'est-à-dire la classe sociale subjective à laquelle les jeunes pensent appartenir, montrent que près des deux tiers des 18-30 ans se vivent comme appartenant aux classes moyennes inférieures, aux catégories populaires, voire aux défavorisés. À l'inverse, moins de 1 jeune sur 10 s'autodéfinit comme privilégié ou aisé. Notons que ce ressenti n'est pas seulement corrélé au niveau de revenus ou à la détention d'un diplôme élevé mais relève bel et bien de facteurs plus subjectifs. Ainsi constate-t-on que près de 4 jeunes sur 10 (37 %) bénéficiant de revenus supérieurs à 2 500 euros mensuels se définissent pourtant comme appartenant aux classes moyennes inférieures ou aux catégories populaires. Il en va de même pour une majorité de jeunes (55 %) détenant un diplôme du supérieur et qui se positionnent néanmoins comme classes moyennes inférieures (39 %) et même comme catégories populaires ou défavorisées (16 %). Cette perception surpasse nettement l'expérience des difficultés objectives précédemment évoquées. En outre, la comparaison avec les données recueillies sur cet indicateur auprès de l'ensemble des Français révèle un ressenti de déclassement équivalent. Alors que 68 % des moins de 30 ans se vivent comme appartenant aux classes moyennes inférieures, aux catégories populaires ou aux défavorisés, le score observé en moyenne dans le grand public s'établit à 70 %. Cette similarité ne peut qu'étonner quand on sait que, par définition, le ressenti d'un déclassement ne devrait que marginalement toucher les jeunes générations et concerner au premier chef les personnes « avancées » dans le cours de leur vie. Ce phénomène d'exagération du sentiment de déclassement comme cette convergence avec l'ensemble des Français nous disent beaucoup de la déflagration que représente le Covid pour la jeunesse. Ces jeunes plus fortement touchés par les impacts de la crise en viennent à se vivre comme des catégories en déclin, une grille de lecture traditionnellement étrangère à leur génération et qui est plutôt l'apanage de leurs aînés.

D'autre part, le choc du Covid dessine les contours d'une génération qui en vient pour la première fois à douter collectivement, ce qui constitue une césure spectaculaire avec les générations passées. L'enquête Nouvelle Vague révèle qu'une forte majorité des 18-30 ans (62 %) déclare partager l'affirmation anxiogène « J'ai peur de l'avenir », à un étiage équivalent à celui observé auprès de l'ensemble des Français. Plus de 1 jeune sur 5 exprime une approbation totale à l'égard de cette phrase (22 % de tout à fait d'accord). Dans le détail des réponses, la crainte à l'égard de l'avenir est surtout exprimée par les segments précédemment identifiés sur la détresse psychique, à savoir les femmes (67 %, 11 points de plus que les hommes), les jeunes de moins de 20 ans (66 %, voire 71 % parmi les femmes de cette tranche d'âge), les personnes se définissant comme appartenant aux catégories populaires ou défavorisées (78 %, 68 % pour ceux gagnant moins de 900 euros mensuels). Mais cette peur de l'avenir touche même une majorité parmi les catégories les plus socialement installées : jeunes cadres supérieurs (50 %), personnes gagnant plus de 3 000 euros par mois (51 %) ou détenant un diplôme supérieur au baccalauréat (57 %).

Plus préoccupant encore et signe ultime de ce doute s'insinuant dans les représentations collectives à l'œuvre dans la jeunesse, on observe une dégradation historique de l'indicateur IFOP sur la capacité des jeunes à influencer les destinées de la France. Les réponses positives constatées lors des cinq précédentes enquêtes Nouvelle Vague enregistrent des progressions régulières allant de 20 % lors du premier sondage mené en 1957 à 59 % en 1999. Cette tendance matérialisait à la fois l'affirmation de la jeunesse comme une classe sociale en soi ainsi que sa confiance en sa force, caractérisée par cette croyance collective sur son aptitude à influencer le cours des choses. L'article de *L'Express* commentant l'enquête IFOP de 1999 mettait clairement en exergue des jeunes qui « sont surtout formidablement optimistes… Ils voient plus loin que la crise. Ils se projettent dans l'avenir. Ils pensent qu'ils peuvent peser sur le monde ». À l'heure du Covid, cette confiance presque insolente d'une jeunesse conquérante connaît un véritable effondrement. Seul un gros tiers des moins de 30 ans (34 %) reprend à son compte l'antienne d'une capacité à avoir une influence sur les destinées de la France, soit 25 points de moins depuis cette dernière enquête de 1999. La croyance en une « influence réelle » recule quant à elle de 24 % à 11 %.

Question : Pensez-vous que les gens comme vous peuvent avoir une influence sur les destinées de la France ou au contraire avez-vous le sentiment d'être entièrement à la merci des événements ?

	Rappel *L'Express* 1957	Rappel *L'Express* 1968	Rappel *L'Express* 1978	Rappel *L'Express* 1988	Rappel *L'Express* Mai 1999	**Ensemble Février 2021**
	(%)	(%)	(%)	(%)	(%)	**(%)**
TOTAL Peuvent avoir une influence	20	32	45	53	59	**34**
• Peuvent avoir une influence réelle	4	12	19	24	24	**11**
• Peuvent avoir une influence relative	16	20	26	29	35	**23**
• Dépendent en partie des événements	17	41	28	19	18	**26**
• Sont entièrement à la merci des événements	35	21	20	18	12	**16**
• Ne peuvent pas avoir d'influence	25	-	-	-	11	**13**
• Ne se prononcent pas	3	6	7	10	-	**11**
TOTAL	100	100	100	100	100	**100**

À l'opposé, ce sont désormais près de 3 jeunes sur 10 qui se vivent à la merci des événements ou dans l'incapacité d'avoir une influence réelle sur les destinées de leur pays. Cette fraction se percevant comme dépendante ou ballottée par les événements comme « un petit radeau frêle sur l'océan » recrute dans toutes les catégories de la jeunesse. Tout juste relève-t-on une accentuation chez les personnes les plus faiblement diplômées, celles se disant sans religion ou manifestant un état d'esprit de résignation sur l'état de la société. Politiquement, cette incapacité perçue à influer sur le destin du pays concerne principalement les sympathisants du Rassemblement national, une perception à relier à la vision frontiste d'une France qui tombe et où le déclin des institutions est si prononcé qu'il ne peut être contrecarré ni même rectifié[3].

Ces dernières données attestent de la profondeur de la fracture ou peut-être de la fêlure que la déflagration du Covid a entraînée chez les moins de 30 ans, génération qui semble désormais douter de sa force et de son pouvoir. De ce point de vue, elle semblerait se rapprocher par certains aspects de la jeunesse des années 1980 touchée de plein fouet par un chômage de masse[4] et la précarité, conséquences du deuxième choc pétrolier. Sur le plan intime, ce sont ces 18-30 ans qui furent le plus directement frappés par l'apparition du Sida, le fléau de la décennie. Pour autant, ces faits n'avaient pas abattu ces jeunes et affecté l'indicateur lié à leur influence sur la société : 53 % d'entre eux croyaient toujours en leur capacité de marquer les destinées de leur pays.

---

3. Enquête IFOP-Fiducial pour *Le Journal du dimanche* et Sud Radio, « Radioscopie de l'électorat RN », 1 045 personnes ayant déjà voté pour le Rassemblement national, extraites d'un échantillon de 3 034 personnes interrogées du 18 au 23 mars 2021, selon la méthode des quotas.
4. En 1984, la France compte 2,3 millions de chômeurs, dont 40 % ont moins de 25 ans.

UNE JEUNESSE QUI DEMEURE RÉSILIENTE ET CONFIANTE

Se pose plus largement la question de la durabilité de ces différents mouvements que la crise du coronavirus a suscités dans la jeunesse. En effet, les phénomènes d'opinion spectaculaires que nous venons d'observer à partir de la dernière édition de l'enquête Nouvelle Vague relèvent-ils d'une logique conjoncturelle, leur lien si évident avec les effets de la pandémie autorisant à douter de leur pérennité, une fois cette crise terminée ? Ou au contraire, en dépit de l'effet Covid sur la jeunesse, assiste-t-on à des bouleversements structurels, à des mutations durables, indépendants de la continuation de cette crise ? Ces interrogations nous amènent plus largement à questionner l'assignation totale de cette jeunesse à travers ses perceptions et sa vision du monde à la crise qui se déroule sous nos yeux depuis janvier 2020. En somme, il s'agit là de questionner la notion de « génération Covid-19 ».

Cette jeunesse française, d'aucuns l'ont déjà et peut-être un peu rapidement qualifiée. À l'instar de la génération Sida des années 1980 ou de celle de la chute du Mur dans les années 1990 apparaît dans les discours émanant des sphères médiatiques et politiques la génération Covid-19. Cette dénomination s'avère à la hauteur d'un événement à la fois inouï et hors norme, une crise dont les bouleversements profonds sont particulièrement défavorables aux Français de moins de 30 ans. Toutefois, cette réduction *ad Covidum* de la génération des 18-30 ans se doit d'être questionnée, voire déconstruite. Ne constitue-t-elle pas un appauvrissement des spécificités de la jeunesse française ? Ses points de vue la placent parfois en rupture voire en sécession avec l'opinion publique commune ; de temps en temps, ses jugements infusent l'ensemble de la société ; parfois, enfin, sur certains sujets, cette jeunesse connaît un phénomène de fracturation interne.

En outre, inscrire la jeunesse dans l'unique moule étroit du coronavirus ne manquerait pas de laisser de côté la nature même de cette crise. En effet, plus qu'une rupture, un *momentum* susceptible de graver dans le marbre de nos opinions, attitudes et comportements un avant et un après, la crise du coronavirus s'est davantage révélée comme un catalyseur et un amplificateur de tendances sociales et comportementales déjà à l'œuvre avant l'apparition du virus. Les exemples ne manquent pas : interrogation sur l'affaiblissement voire le déclin du modèle français ; défiance à l'égard de l'État central, avec en parallèle un attrait pour l'efficacité des échelons territoriaux, qu'ils soient municipaux ou régionaux ; préoccupation pour le devenir de l'hôpital et de ses personnels ; attente de relocalisation de nos productions stratégiques et soutien au *made in France* ; appétence pour le télétravail et exigence d'autonomie dans le salariat… Autant d'enjeux qui traversent également cette jeunesse et que l'on se doit d'observer, nonobstant l'empreinte écrasante du Covid-19.

À cet égard, l'enquête Nouvelle Vague fournit un contrepoint à prendre en compte. Au-delà de l'impact impressionnant de la crise, cette étude menée pourtant dans un contexte conjoncturel très particulier, presque dans l'œil du cyclone de la crise, donne également à voir d'autres facettes de cette génération. Elle révèle ainsi une jeunesse qui a toujours foi en elle, en sa force et en sa capacité d'intégration dans l'univers professionnel. Il ne s'agit bien évidemment pas de dénier l'effet souvent dévastateur de la crise sur les personnes de moins de 30 ans. La détérioration voire l'effondrement d'indicateurs historiques sur l'état d'esprit, les attitudes et les représentations à l'œuvre dans la jeunesse précédemment évoqués en attestent. Mais l'enquête dessine également les contours d'une jeunesse résiliente qui continue à s'épanouir, à espérer, à se projeter et que l'on peut difficilement réduire au Covid.

Dans ce cadre, trois dimensions méritent d'être soulignées. En premier lieu, venant nuancer le pessimisme collectif des 18-30 ans, l'optimisme individuel des personnes interrogées reste élevé et bien supérieur à celui observé dans le grand public. Près de trois quarts des jeunes (73 %) se déclarent optimistes en pensant à l'avenir quand ce chiffre oscille entre 30 % et 40 % auprès de l'ensemble de la population française[1]. En outre, l'optimisme mesuré dans l'enquête de février connaît une hausse – assez contre-intuitive compte tenu du contexte coronavirus – de 11 points par rapport à octobre 2020[2] dans une enquête menée avant l'annonce du deuxième confinement. On peut voir là le signe d'une décorrélation

1. 41 % d'optimisme observé en janvier et avril 2021 *versus* 35 % en octobre et 30 % en novembre 2020.
2. Enquête IFOP pour *La Tribune*, 1 017 personnes âgées de 18 à 30 ans interrogées en ligne du 2 au 6 octobre 2020, selon la méthode des quotas.

entre cette confiance dans l'avenir et la crise sanitaire. De plus, cet optimisme reste majoritaire dans la quasi-totalité des segments de la jeunesse. Il ne connaît pas de variations significatives en fonction du genre et de l'âge, du niveau d'études, de la catégorie sociale ou de la sympathie partisane[3]. Seuls les jeunes se définissant comme défavorisés expriment un pessimisme majoritaire (53 %), à rebours d'autres catégories vulnérables comme les demandeurs d'emploi (66 % d'optimisme), les personnes gagnant moins de 900 euros par mois (73 %) ou celles peu ou pas du tout diplômées (73 %).

Deuxième dimension, il convient de relever que cet optimisme exprimé dans l'absolu par la jeunesse se trouve renforcé par un optimisme de projection. En effet, une forte majorité des jeunes anticipent un avenir favorable s'agissant de leur niveau de vie. Plus des deux tiers (67 %) estiment qu'ils vivront dans une dizaine d'années mieux qu'aujourd'hui (dont près d'un quart beaucoup mieux) tandis qu'à peine 1 sur 10 pronostique qu'ils vivront moins bien. Notons qu'à l'instar de l'optimisme global, les jeunes anticipent davantage qu'en octobre 2020 qu'ils vivront mieux (+8 points[4]), une tendance haussière qui vient démentir un écrasement de toute capacité positive de projection du fait de la crise.

Par ailleurs, cet optimisme pour les dix ans qui viennent est très supérieur à celui observé auprès du grand public, indicateur traditionnellement révélateur du malaise français marqué par une difficulté à se projeter favorablement

---

3. 74 % d'optimisme chez les sympathisants de gauche, 85 % chez LREM, 73 % à droite et 66 % chez les sympathisants du RN.
4. Enquête IFOP pour *La Tribune*, déjà citée.

dans l'avenir. Ainsi, en juin 2020[5], seul un gros quart des Français dans leur ensemble (26 %) anticipaient une meilleure vie dans les dix ans, soit 41 points de moins que nos 18-30 ans ! Comme pour l'optimisme global, cet optimisme de projection se diffuse majoritairement dans toutes les catégories, y compris les plus fragiles. À titre d'exemple, l'écart entre les jeunes se considérant comme des privilégiés ou aisés et ceux s'autodéfinissant comme catégories populaires n'excède pas un point (69 % contre 68 %). Autre aspect notable, les femmes comme les moins de 20 ans qui, on l'a vu, exprimaient intensément une peur de l'avenir comptent pourtant parmi les plus optimistes sur leur situation à dix ans (70 % pour ces deux segments).

Ainsi, ce double optimisme manifesté par les jeunes apporte un premier démenti à leur assignation « automatique » à la génération Covid-19. Ces résultats éclairent en effet différemment la peur de l'avenir qu'une majorité de jeunes (62 %) déclarait éprouver. Tout se passe comme si cette crainte, directement indexée sur les temps compliqués et incertains de la crise, n'était pas parvenue à éteindre l'optimisme traditionnel de la jeunesse, sa vitalité et sa capacité à se projeter dans l'avenir.

Au contraire, faisant abstraction du bouleversement des perceptions liées au coronavirus, ces moins de 30 ans manifestent une soif de vivre somme toute enthousiasmante. Ils plébiscitent ainsi des phrases comme « J'ai beaucoup de choses à accomplir dans la vie » (92 % d'adhésion) ; « La vie a beaucoup de choses à m'offrir » (91 %) ou

5. Baromètre de la Transformation IFOP pour No Com, 1 501 personnes âgées de plus de 18 ans interrogées en ligne du 3 au 8 juin 2020, selon la méthode des quotas.

« Le meilleur est à venir » (79 %). Là aussi, la crise est mise à distance, voire occultée. Les résultats massifs observés coïncident avec des données précédentes antérieures à l'apparition de la pandémie, voire progressent. L'opinion selon laquelle le meilleur reste à venir est en hausse spectaculaire de 23 points depuis 2013[6]. Nous pensons ici à cette jeunesse à la recherche d'un « temps retrouvé » dans une société qui accélère, comme nous l'avons déjà évoqué. Il apparaît assez clair que la crise du Covid-19 a amplifié cette envie de se projeter, comme si elle avait interdit aux jeunes de douter de lendemains plus paisibles et leur avait enjoint de penser encore plus positivement l'avenir. Comment pourrait-il en être autrement ?

Une jeunesse éprouvée, ébranlée, mais bien loin d'être résignée, donc, et que nous retrouvions déjà dans le baromètre France Émotions[7] réalisé par Viavoice, la Fondation Jean-Jaurès et *Le Point*. En effet, en février 2021, soit un an après le début de la pandémie, les jeunes exprimaient des émotions bien singulières, empreintes d'un optimisme redoutable et en rupture avec leurs aînés. Malgré les difficultés nombreuses auxquelles la jeunesse doit faire face, encore plus à cette période, les moins de 30 ans montrent une remarquable résilience : à cette date, 62 % des 18-24 ans et 63 % des 25-34 ans témoignent d'un état d'esprit positif lorsqu'ils pensent à ce qu'ils vivent actuellement ; c'est près de 10 points de plus que leurs aînés.

---

6. 56 % en effet dans un sondage IFOP pour Coca-Cola, 691 personnes âgées de 16 à 30 ans interrogées en ligne du 5 au 10 décembre 2013.
7. Baromètre « France Émotions », Viavoice – Fondation Jean-Jaurès – *Le Point*, 1 000 personnes âgées de 18 ans et plus interrogées en ligne du 11 au 15 février 2021.

En pleine crise sanitaire, après un an de sacrifices, de renoncements, les jeunes Français font donc preuve d'endurance et gardent foi en l'avenir. En février 2021, dans un pays grevé par les incertitudes, les conséquences économiques et sociales de la crise, « triste », « désespéré » et « en colère » émergent comme les trois premières émotions exprimées par les Français. Les jeunes sont, quant à eux, bien plus positifs. Alors que les restrictions les empêchent toujours d'épouser les rites « initiatiques » propres à la jeunesse, ils sont bien plus nombreux à exprimer de la joie (31 % contre 23 % en moyenne), de l'enthousiasme (39 % contre 25 % en moyenne). Par ailleurs, cet état d'esprit si singulier les conduit à témoigner d'une certaine forme de motivation (35 % contre 27 % en moyenne). Une jeunesse résiliente, pourrions-nous dire finalement : une jeunesse impatiente de croquer cet avenir – qui se fait attendre – à pleines dents.

Le troisième et dernier élément attestant que les 18-30 ans s'affranchissent de la dénomination englobante de « génération Covid-19 » concerne la question de l'insertion, notamment dans la sphère professionnelle, marquée par une forte confiance. Par-delà les effets économiques de la crise, le ressenti sur la place de la jeunesse dans la société reste majoritairement satisfaisant. Plus de 6 jeunes sur 10 (61 %) de 18-30 ans se disent satisfaits de la place qu'ils occupent dans la société. Ce résultat s'avère supérieur au chiffre observé en avril 2016 (43 %), même s'il est en retrait de 5 points par rapport à ce que l'IFOP constatait en octobre 2020, c'est-à-dire avant la nouvelle accentuation de la crise. De plus, cette satisfaction vis-à-vis de leur place dans la société est homogène dans la plupart des catégories de jeunes, y compris s'agissant des segments vulnérables sur le plan socio-économique. Seuls les demandeurs d'emploi (45 %) et ceux se percevant comme populaires (46 %) ou défavorisés (36 %) expriment ouvertement un mécontentement à l'égard de leur place.

De la même manière, la projection des 18-30 ans dans leur vie professionnelle semble empreinte d'une confiance que peu de choses, y compris la crise, peuvent fragiliser. Ainsi, une part très forte des jeunes (85 %) affirme son adhésion à la phrase « Je vais m'accomplir dans un métier que j'aime ». Plus concrètement encore, la projection dans le monde professionnel manifestée par les moins de 30 ans reste satisfaisante et diverse. Là aussi, le choc Covid ayant objectivement amplifié pour beaucoup les difficultés d'insertion professionnelle n'est pas parvenu à obérer les aspirations de la jeunesse. Le souhait d'être salarié dans une entreprise privée (68 % de citations) demeure la première situation projetée. De la même manière, l'envie de créer son entreprise ou une start-up (40 %, voire 44 % parmi les moins de 20 ans) s'établit à un niveau équivalent d'avant-crise, tout comme la disposition à travailler dans la fonction publique.

Cette dernière aspiration reste reléguée derrière le souhait de travailler dans le secteur privé, comme si la crise économique n'avait pas réellement favorisé dans la jeunesse l'attente de protection que permet d'assouvir la fonction publique. Les 18-30 ans n'affichent pas majoritairement la volonté d'obtenir une certaine sécurité de l'emploi et moins encore la tentation d'un repli sur soi. En effet, le souhait de travailler à l'étranger dans les dix ans concerne 4 jeunes sur 10, dont une majorité de moins de 20 ans (52 %). La pandémie n'a pas entamé le goût du risque à l'œuvre dans une partie de la jeunesse.

Le Covid n'a pas amoindri son appétence à l'expérimentation et cette vision d'un monde à portée de main. On peut en revanche noter que la part de 18-30 ans s'imaginant dans dix ans en recherche d'emploi n'est pas négligeable (29 %), mais cette projection négative émane des catégories (lycéens : 43 %, jeunes de moins de 20 ans : 34 %) les plus éloignées de l'insertion concrète dans le premier emploi ou dans la vie active.

Mises bout à bout, l'ensemble des données issues de l'enquête Nouvelle Vague 2021 nuancent voire contredisent la vision d'une jeunesse accablée par les effets de la crise sanitaire et économique actuelle, la plongeant dans la déprime et le désarroi le plus complet. La jeunesse manifeste plus que jamais crânement sa confiance et, sûre d'elle-même, garde ouvert le champ des possibles. Tout se passe comme si la page Covid était déjà prête à être tournée pour ces moins de 30 ans. Terme trop souvent galvaudé, la résilience s'exprime parfaitement dans cette génération qui parvient à travers ses croyances, ses espoirs comme ses aspirations à s'affranchir de l'étiquette simpliste de génération Covid. En attestent les résultats observés sur les indicateurs d'optimisme qui tracent une séparation nette entre des jeunes demeurant le plus souvent confiants et l'ensemble des Français, dont une majorité s'enfonce dans un pessimisme rarement observé au cours des trente dernières années.

À cet égard, l'optimisme de la jeunesse repose sur un credo : ces jeunes croient en eux-mêmes, bien davantage que leurs aînés au même âge. Quand on leur demande s'ils pensent que leur génération sera différente de celle de leurs parents, 16 % hasardaient une réponse affirmative en 1957, lors de la première enquête Nouvelle Vague.

Ils sont désormais 89 % aujourd'hui, un score supérieur de 8 points encore à celui enregistré en 1999 dans une période de forte croissance. Cette certitude d'appartenir à une génération singulière est d'ailleurs renforcée par un autre credo : un pourcentage quasi identique de 18-30 ans (85 %) estime que leur génération sera également différente de celle des jeunes des générations précédentes. Ce que chaque enquête Nouvelle Vague avait mis en exergue – l'idée qu'aucune génération des moins de 30 ans ne ressemblait à une autre – est véritablement enraciné dans cette population.

Dans le contexte d'une jeunesse certes touchée mais pas coulée par l'impact de la crise et qui a même mobilisé des ressources insoupçonnées, il est pertinent de mettre le coronavirus à distance. Il s'agit en effet d'identifier les regards de cette jeunesse sur des enjeux liés à différentes sphères, qu'elles soient publiques, privées ou relevant du monde professionnel. En l'espèce, on verra à quel point le Covid-19 a moins joué un rôle central qu'il n'a catalysé et amplifié des tendances à l'œuvre sur ces enjeux.

DEUXIÈME PARTIE

LES TENDANCES POST-COVID-19

LE DOUTE À L'ÉGARD DE LA FRANCE

Cette singulière période Covid a constitué une des plus fortes ruptures connues par le pays. La mise au ralenti du quotidien de nos vies, notamment lors des différents confinements, a permis aux Français, quelle que soit leur génération, d'entamer une forme d'introspection sur la France. Comment le pays a-t-il su faire face à cette pandémie mondiale ? En quoi a-t-il failli, dans l'absolu comme par comparaison avec ses voisins ? Dans ce contexte, le regard de cette jeunesse post-Covid sur la France est la première dimension que notre enquête Nouvelle Vague a cherché à investiguer. Certes en absence d'idéal, comme on l'a vu, mais sans jamais manquer l'occasion d'exprimer son exigence, quelles représentations cette jeunesse mobilise-t-elle pour juger son pays ?

Force est de constater que cette période hors norme a bouleversé bien des repères sur le rapport à notre pays et a enraciné dans la jeunesse un doute latent sur la France. La jeunesse telle qu'elle émergeait de la précédente enquête Nouvelle Vague menée en 1999 n'exprimait pas le moindre doute sur l'Hexagone. La France était perçue à l'époque par plus de trois quarts des moins de 30 ans comme une grande puissance mondiale. Elle ne constituait que marginalement un sujet de questionnement pour eux et offrait au contraire une surface de projection à leur très fort optimisme et à cette croyance en leur capacité à peser sur le devenir du monde.

Question : Lorsque vous pensez à la France, diriez-vous qu'elle... ?

Récapitulatif : Oui

	Comparatif Grand public *JDD* 2005[1]	**Jeunes de 18 à 30 ans *JDD* 2005**	**Comparatif Grand public *JDD* 2010[2]**	**Comparatif Grand public avril 2021**	**Ensemble 18-30 ans Février 2021**
	(%)	(%)	(%)	**(%)**	**(%)**
• A beaucoup d'atouts	89	90	79	**73**	**73**
• Est en déclin	66	54	71	**66**	**64**
• Est capable de se réformer	69	62	70	**46**	**56**
• Manque de confiance en elle	65	60	62	**61**	**56**
• Constitue un modèle pour de nombreux pays	59	67	46	**47**	**50**
• A une bonne image à l'étranger	NP	NP	NP	**47**	**49**
• Vit dans le passé	50	34	43	**47**	**45**
• A des dirigeants de qualité	NP	NP	NP	**29**	**31**

NP : Item non posé

Aujourd'hui, ces ressentis positifs sur notre pays se sont effondrés. L'indicateur administré par l'IFOP depuis 2005 sur les représentations associées à notre pays révèle

1. Sondage IFOP pour *Le Journal du dimanche*, 958 personnes âgées de 18 ans et plus interrogées par téléphone à leur domicile le 15 juillet 2005, selon la méthode des quotas.
2. Sondage IFOP pour *Le Journal du dimanche*, 958 personnes âgées de 18 ans et plus interrogées par téléphone à leur domicile du 2 au 3 juillet 2010, selon la méthode des quotas.

d'ailleurs l'étendue de cette rupture. La vision majoritaire dans la jeunesse sur la France de 2021 est celle d'un pays en déclin ; 64 % des jeunes interrogés adhèrent à cette affirmation qui n'est en rien anodine, tant la notion de déclin impliquant un processus rétrospectif est par définition étrangère, ou du moins peu courante, dans les jeunes générations. Or, cette représentation d'une France qui tombe est partagée de manière homogène, quel que soit le segment de population[3]. Plus qu'une perception, il s'agit en fait d'un constat qui cimente la jeunesse mais également l'ensemble des Français dans des proportions équivalentes. Deux tiers des personnes de plus de 18 ans interrogées en avril 2021[4] expriment le même ressenti d'un déclin de notre pays, d'une France qui tombe.

Corollaire direct de cette idée de déclin, le regard sur la France dans son environnement extérieur évolue également de manière significative. L'enquête Nouvelle Vague montre en effet sur un mode alarmant que le sentiment que la France est une grande puissance mondiale demeure certes majoritaire (54 %) mais accuse une baisse de 22 points depuis la précédente édition de 1999. Un tiers des 18-30 ans se situe même sur une ligne de refus d'appréhender la France comme une puissance mondiale, notamment les 25-30 ans, les demandeurs d'emploi, les ouvriers et les personnes détenant un diplôme inférieur au baccalauréat. Politiquement, l'assignation de la France au

3. Seule nuance observée sur le plan de la sympathie partisane : la vision de la France comme un pays en déclin est partagée par 82 % des proches du RN contre seulement 42 % des sympathisants de LREM.
4. Sondage IFOP-Fiducial pour Sud Radio, 1 002 personnes âgées de plus de 18 ans interrogées en ligne du 28 au 29 avril 2021, selon la méthode des quotas.

rang de petite puissance est plus forte chez les « insoumis » (38 %) et au RN (44 %).

Tout se passe comme si le regard que l'on porte sur son pays se nourrissait de celui tourné vers sa propre place dans la société. L'inclusion, le sentiment que nous vivons dans un pays juste, détermine très sûrement la perception que l'on a de la France. François Hollande avait scandé en 2012, dans son discours du Bourget : « La France n'est pas un problème, la France est la solution. » Mais pour qui cette France reste-t-elle une solution, une chance d'émancipation ? Le risque du doute, l'ombre du doute plane et s'agrandit dans la jeunesse. Celle-ci porte ainsi un regard exigeant qui interroge sur la capacité de ce pays à tenir sa promesse. Et quelle promesse ? Le doute est réel s'agissant de la promesse républicaine puisqu'à peine un gros tiers des 18-30 ans estime que les valeurs de la République, principalement le triptyque Liberté, Égalité, Fraternité, sont bien appliquées en France[5]. Pour autant, on peut se demander si une jeunesse exigeante n'est pas une jeunesse heureuse.

Mais que dire de cette évolution de –22 points sur la perception de la puissance française, suffisamment spectaculaire pour balayer l'hypothèse d'un accident conjoncturel et sans lendemain ? Quelles explications avancer ? Sans surprise, et à l'instar de toute une série d'enjeux, le contexte spécifique dans lequel évolue la France depuis

---

5. Cf. Enquête IFOP-Fiducial pour *Le Journal du dimanche* et Sud Radio, Radioscopie de l'électorat du Rassemblement national à un an de l'élection présidentielle de 2022, 1 045 personnes ayant déjà voté pour le Rassemblement national, extraites d'un échantillon de 3 034 personnes interrogées du 18 au 23 mars 2021, selon la méthode des quotas.

2020 constitue un facteur explicatif central de ce basculement vers le déclin. Le cataclysme Covid s'est en effet avéré un révélateur et un miroir de nos faiblesses. Le discours recueilli dans les enquêtes qualitatives a restitué pêle-mêle le sentiment d'un «juin 1940 sanitaire» touchant un pays qui s'est montré incapable de faire face de manière satisfaisante à la pandémie.

Ce jugement sur le déclin français s'est également nourri du contraste entre le discours d'un président de la République décrétant le «nous sommes en guerre» et les réalités d'une «armée» de soignants mal équipée, d'hôpitaux vétustes ou d'une industrie de la santé archidépendante de l'extérieur – le symbole de l'importation du paracétamol fabriqué en Chine ayant fortement marqué les esprits. Cette «étrange défaite» connue par la France a donc installé dans la majorité des esprits le sentiment de déclin, mais également trois représentations partagées de façon équivalente par les jeunes et leurs aînés. Il s'agit de la vision de la France comme un pays manquant de confiance en lui (respectivement 54% chez les 18-30 ans *versus* 61% en moyenne dans le grand public), qui vit dans le passé (47% dans les deux cibles) et pâtit de dirigeants de faible qualité (69% *versus* 71%). La convergence des points de vue s'arrête cependant là. Au-delà de ce doute inédit ouvertement exprimé sur leur pays, les moins de 30 ans font part également d'une plus forte indulgence. Cette exigence envers la France est bienveillante; 73% estiment que la France a beaucoup d'atouts (*idem* dans le grand public), 56% qu'elle est capable de se réformer (10 points de plus que la moyenne des Français) et 50% qu'elle constitue un modèle pour de nombreux pays (5 points de plus).

Pour autant, la comparaison avec ce que déclaraient les jeunes dans une enquête analogue menée en 2005[6] est dévastatrice et montre bien la profondeur du doute dans la jeunesse. La part des jeunes considérant que la France a beaucoup d'atouts ou qu'elle constitue un modèle pour de nombreux pays a reculé de 17 points depuis 2005. Dans le même temps, la perception d'un déclin français a bondi de 10 points.

Ce doute sur la France s'instille et se diffuse au-delà de l'image associée à notre pays. Le comparatif entre la hiérarchie des atouts décernés par les 18-30 ans à leur pays et celle des faiblesses l'atteste. En effet, les forces principalement associées à l'Hexagone relèvent d'atouts patrimoniaux, ne facilitant pas l'appropriation par les jeunes. Ces derniers peinent en effet à les appréhender dans une logique de projection. Ainsi, la culture, l'histoire et le patrimoine de la France émergent en tête (64 %) et devancent son modèle social et ses services publics (55 %) ainsi que la position référente de l'Hexagone dans la gastronomie, le tourisme ou la haute couture (55 %). À l'inverse, les handicaps perçus de la France s'avèrent pluriels et relèvent de faiblesses structurelles auxquelles les jeunes sont susceptibles d'être confrontés : le chômage trop élevé (44 %), l'affaiblissement de l'école et du système éducatif (36 %) ou le niveau de la dette par habitant (33 %[7]).

6. Sondage IFOP pour *Le Journal du dimanche*, 958 personnes âgées de plus de 18 ans interrogées par téléphone le 18 juillet 2005, selon la méthode des quotas.

7. Viennent ensuite l'immigration excessive (33 %), la menace que fait peser le terrorisme (30 %) devançant la grande difficulté à mener des réformes (29 %).

Question: Selon vous, quel est le principal atout de la France aujourd'hui ? En premier ? En second ? Et en troisième ?

	En premier	Total des citations
	(%)	**(%)**
Son patrimoine, son histoire, sa culture	26	**64**
Son modèle social (assurance maladie, assurance chômage...) et ses services publics	28	**55**
Sa position de leader dans de nombreux domaines : gastronomie, tourisme, haute couture...	16	**55**
L'attractivité et le rayonnement mondial de Paris	6	**26**
Son modèle républicain (institutions politiques, école...)	5	**24**
Ses infrastructures routières, ferroviaires, aéroportuaires...	2	**21**
Le fait que la France constitue un modèle pour de nombreux pays	7	**20**
Son espace maritime sur la planète (outre-mer)	5	**17**
La résistance de ses habitants face à la menace et aux actes terroristes	5	**17**
TOTAL	100	**(*)**

(*) Total supérieur à 100 %, les interviewés ayant pu donner trois réponses.

Doutes latents sur une France déclinante et ravalée au rang de puissance moyenne, que la crise sanitaire a amplifiés, focalisation sur des faiblesses structurelles difficilement compensées par les atouts de la « France éternelle » : le rapport des jeunes à leur pays s'est profondément modifié depuis vingt ans. Ainsi, le sentiment de fierté des 18-30 ans à l'égard de la France s'établit à 71 % contre 83 % en moyenne dans la population. La part des jeunes très fiers d'être Français est de 16 points inférieure (21 % *versus* 37 % au global).

Question : Selon vous, quel est le principal handicap de la France aujourd'hui ? En premier ? En second ? Et en troisième ?

	En premier	Total des citations
	(%)	**(%)**
Le chômage trop élevé touchant sa population	15	**44**
L'affaiblissement de l'école et du système éducatif	14	**36**
Le niveau de la dette par habitant	10	**33**
L'immigration excessive	16	**33**
La menace que fait peser le terrorisme	9	**30**
La grande difficulté à mener les réformes	9	**29**
Le renouvellement insuffisant de sa classe politique	8	**27**
Le manque de confiance de ses habitants dans les capacités de leur pays	8	**27**
La montée du communautarisme, les tensions communautaires	7	**25**
L'insuffisante marge de manœuvre dans l'Union européenne	4	**15**
TOTAL	100	**(*)**

(*) Total supérieur à 100 %, les interviewés ayant pu donner trois réponses.

De la même manière, la connotation positive du mot « France » concerne 70 % des 18-30 ans quand elle touche 92 % de l'ensemble des Français, voire la quasi-totalité des seniors (99 % chez les plus de 65 ans). L'enquête Nouvelle Vague montre que ce rapport différent à notre pays ne constitue pas pour autant un sujet d'opposition entre générations. En effet, les doutes de la jeunesse semblent aller de pair avec une posture d'exit. Ainsi, en 1957, une majorité d'interviewés (57 %) refusaient de croire à un bonheur qui se déroulerait hors des frontières de l'Hexagone. En 1999, ils étaient encore 49 % à envisager d'être heureux en France. Aujourd'hui, seuls 27 % des 18-30 ans déclarent faire ce choix et vouloir croire qu'ils ne seraient pas plus heureux en vivant hors de France.

Notons toutefois en guise de nuance que la certitude d'être plus heureux hors de France n'a que faiblement progressé depuis 1999 (+3 points). C'est la réponse « peut-être », reflet des ambivalences de cette jeunesse à l'égard d'une France avec laquelle le désamour n'est pas définitif, qui est devenue majoritaire.

LES VALEURS DE LA JEUNESSE POST-COVID-19

S'interroger sur les valeurs de cette jeunesse aux prises avec la crise du Covid-19 constitue une étape nécessaire pour la radiographier en profondeur et identifier les tendances à l'œuvre. Ce sont sur des valeurs que se fondent les croyances mais également les représentations et la vision du monde. Les valeurs constituent en quelque sorte le socle des perceptions ou des opinions de tout un chacun. Plus concrètement, elles sont susceptibles de guider les comportements et d'être le moteur des actions. L'analyse sur le temps long des valeurs et systèmes de pensée de la jeunesse, comme celle consacrée à l'ensemble des Français, a montré le plus souvent de la stabilité pour ne pas dire une immuabilité. Parce que progressivement acquis lors de la socialisation des individus, les systèmes de valeurs ne connaissent que des modifications marginales. Ces valeurs changent moins qu'elles ne subissent souvent une phase de recomposition qui permet l'émergence de mutations au sein de la société.

Dans ce cadre, on peut s'interroger sur le contexte très particulier de la période : le sentiment fortement éprouvé par les jeunes d'un temps qui ne fait que s'accélérer d'une part et ce contexte inédit propre au coronavirus d'autre part sont-ils susceptibles d'amplifier des phénomènes de recomposition ou de mutations des valeurs prisées par nos 18-30 ans ? À quelles valeurs cette jeunesse engluée dans le Covid croit-elle ?

LA CONVERGENCE DES VALEURS ENTRE LES JEUNES ET LEURS AÎNÉS

Les nombreuses enquêtes menées auprès des jeunes depuis les années 1980[1] sur leurs valeurs ont révélé une logique d'homogénéisation avec l'ensemble des Français : les valeurs des jeunes et celles de leurs aînés se sont rapprochées. Par conséquent, les écarts entre les générations se sont réduits. L'enquête Nouvelle Vague 2021 qui comportait un indicateur permettant aux jeunes interrogés de se prononcer sur la connotation positive ou négative d'une cinquantaine de mots confirme globalement cette similarité du système de valeurs entre les jeunes et l'ensemble des Français.

Ainsi, on observe une forte convergence relative aux mots préférés, c'est-à-dire recelant la charge positive la plus forte, entre ces deux groupes. Sur les dix mots préférés des 18-30 ans, huit se retrouvent également dans le top 10 de l'ensemble des Français[2]. En outre, la famille (1re place chez les jeunes) et l'égalité (10e place) sont mentionnées à un niveau plus élevé que dans la hiérarchie des valeurs au sein du grand public (respectivement en 12e et 14e places). L'examen des vingt mots préférés confirme ce rapprochement des représentations : seuls trois mots plébiscités par les moins de 30 ans avec des scores d'agrément de 73 % au

---

1. Cf. notamment Olivier Galland et Bernard Roudet (dir.), *Les Valeurs des jeunes. Tendances en France depuis 20 ans*, L'Harmattan, 2001.
2. Baromètres IFOP pour *L'Humanité*, Être de gauche aujourd'hui, 2 010 personnes interrogées en ligne du 4 au 7 septembre 2020, selon la méthode des quotas ; IFOP pour *L'Opinion* et la Fondation Concorde sur le libéralisme, 1 032 personnes âgées de plus de 18 ans interrogées en ligne du 13 au 14 octobre 2020, selon la méthode des quotas.

moins émergent plus loin dans la hiérarchie des Français. Il s'agit des termes « morale », « avenir » et « féminisme ». À l'inverse, trois mots inclus par les Français dans leurs vingt mots préférés sont absents du classement observé chez les moins de 30 ans. En dehors du décalage spectaculaire sur le mot « France » (1er chez les Français, 22e chez les jeunes) que nous avons déjà souligné, il ne s'agit que de faibles nuances sur les termes « services publics » (17e *versus* 26e) et « compétitivité » (18e *versus* 25e).

Tableau comparatif des mots préférés

	Jeunes	Ensemble des Français
1	Famille	France
2	Mérite	Responsabilité
3	Partage	Partage
4	Solidarité	Solidarité
5	Liberté	Progrès
6	Effort	Effort
7	Responsabilité	Modernité
8	Progrès	Liberté
9	Modernité	Travail
10	Égalité	Mérite
11	Auto-entrepreneuriat	Entreprise
12	Protection	Famille
13	Travail	Laïcité
14	Entreprise	Égalité
15	Start-up	Auto-entrepreneuriat
16	Laïcité	Climat
17	Tradition	Services publics
18	Morale	Compétitivité
19	Climat	Tradition
20	Avenir	Télétravail
21	Europe	Protection
22	France	Europe
23	Féminisme	Start-up
24	Télétravail	Morale

En comparaison, les valeurs portées par les jeunes en 2021 coïncident mieux avec celles de l'ensemble des Français qu'avec celles des 18-30 ans interrogés lors de l'enquête Nouvelle Vague réalisée en 1999. Seuls 4 mots présents dans le top 10 des jeunes de 2021 figuraient en 1999 parmi les valeurs les plus appréciées des jeunes de l'époque: « liberté », « solidarité », « égalité » et « responsabilité ».

On l'a dit, ce phénomène de rapprochement des valeurs entre les 18-30 ans et les générations suivantes ne constitue pas une nouveauté mais s'était progressivement installé depuis les années 1980. Toutefois, cette convergence se concentrait principalement sur les jeunes et le segment générationnel des 30-60 ans ou des 35-65 ans, tandis que les valeurs et représentations portées par les personnes âgées de plus de 65 ans divergeaient nettement, marquées par un plus grand conservatisme, notamment sur la question des mœurs.

Tel ne semble plus être le schéma dominant, à en croire l'enquête Nouvelle Vague, qui montre que la tendance à l'homogénéisation des valeurs concerne désormais toutes les générations. Ainsi, on retrouve parmi les 10 mots préférés des personnes âgées de plus de 65 ans, 6 termes valorisés par les moins de 30 ans. Le « Top 20 » des seniors et celui de la jeunesse indique 13 occurrences communes. Quelques différences sont toutefois à relever: les Français les plus âgés ne placent pas en haut de la hiérarchie les mots « partage », « morale », « tradition », « start-up », « avenir ». À l'inverse, les jeunes ne retiennent pas les termes « France », « services publics », « compétitivité » – plus appréciés également par l'ensemble des Français – ainsi qu'« autorité » et « réformes ».

Tableau des mots préférés des 65 ans et plus

	65 ans et plus
1	France
2	Responsabilité
3	Effort
4	Progrès
5	Travail
6	Liberté
7	Protection
8	Mérite
9	Solidarité
10	Entreprise
11	Modernité
12	Laïcité
13	Égalité
14	Services publics
15	Famille
16	Compétitivité
17	Auto-entrepreneuriat
18	Climat
19	Patrie
20	Autorité
21	Réforme

Cet affaiblissement des différences générationnelles se double d'une atténuation des clivages au sein de la jeunesse. Ainsi, la hiérarchie des valeurs préférées par les moins de 30 ans ne varie qu'à la marge en fonction du sexe, de l'âge et du statut (lycéen/étudiant, en recherche d'emploi ou actif). L'examen des réponses sur les quinze mots les plus appréciés en fonction de la sympathie partisane confirme également le rapprochement des représentations entre jeunes de gauche[3] et de droite, loin de

3. Les perceptions des moins de 30 ans se déclarant proches de La République En Marche ! s'avèrent très similaires à celles exprimées par les sympathisants de gauche.

l'intense polarisation qui a pu exister dans les années 1970 ou 1980 entre ces deux groupes en lutte pour imposer une vision du monde. On ne retrouve que de faibles écarts sur la plupart des termes testés. Tout juste peut-on relever une intensité plus forte exprimée par les sympathisants de droite pour des termes apparentés à l'univers professionnel comme « effort », « travail » (12 points d'écart), « entreprise » ou « start-up » (respectivement 10 et 13 points d'écart).

À cet égard, plus que l'appartenance politique se fait davantage jour un « effet diplôme », avec des écarts de l'ordre de 12-15 points entre personnes détenant un diplôme inférieur ou supérieur au baccalauréat. C'est particulièrement le cas pour les mots « laïcité », « liberté », « solidarité », « auto-entrepreneuriat ».

LA RÉHABILITATION DES VALEURS TRADITIONNELLES

Au-delà de ces systèmes de valeurs de plus en plus homogènes au sein de la jeunesse ainsi qu'entre les jeunes et leurs aînés, l'examen des valeurs appréciées ou rejetées par les 18-30 ans révèle une deuxième mutation, en rupture avec les schémas passés. Théoriquement, les valeurs s'organisent et peuvent être classées en deux familles : celles qui relèvent de la tradition structurée autour d'une forme de valorisation du passé, dérivant vite vers des discours collectifs glorifiant un âge d'or[4], auxquelles s'opposent des valeurs structurées autour de l'individu, mettant davantage en exergue les libres choix individuels.

---

4. Cf. Raoul Girardet, *Mythes et mythologies politiques*, Points, 1986.

Les résultats observés sur l'enquête Nouvelle Vague 2021 confirment toute une série de travaux sociologiques attestant certes du recul, sur la longue durée, des valeurs relevant de la tradition chez les jeunes. Néanmoins, ce recul est moins rapide que celui constaté dans les générations plus âgées (65 ans et plus exceptés) et s'accompagne d'un attachement pérenne des jeunes à des valeurs traditionnelles. Notre sondage montre en effet un équilibre dans la hiérarchie, établie par les 18-30 ans, entre valeurs individuelles et celles relevant de la tradition.

Ainsi, à côté du mérite, de la liberté ou de la responsabilité, les 18-30 ans mentionnent parmi leurs mots préférés la famille, l'effort, la solidarité, le travail ou le terme « tradition » lui-même. Notons que cette coexistence duale au sein du système de valeurs s'inscrit dans un mouvement plus large touchant l'ensemble des Français, y compris les personnes âgées de plus de 65 ans. On retrouve ici aussi ce phénomène de rapprochement des valeurs, qu'elles soient traditionnelles ou individuelles, entre générations. Toutefois, l'enquête Nouvelle Vague tendrait à indiquer que les valeurs traditionnelles connaissent un net rebond, voire ont le vent en poupe dans la jeunesse, notamment deux d'entre elles, qui jouent un rôle central : la famille et le travail.

Symboliquement, la famille, parmi la cinquantaine de mots proposés, génère dans la jeunesse le plus fort score de jugements positifs. Ce plébiscite (92 %) est confirmé par le primat absolu de la famille dans les éléments perçus par les jeunes comme les plus importants pour avoir une vie réussie (62 %).

L'imagerie de relations intrafamiliales ontologiquement conflictuelles à l'œuvre dans les années 1960 et 1970 semble donc avoir vécu. Les récits de jeunes en rupture de ban avec leurs parents que Renaud avait résumés dans son brûlot « Crève salope » semblent aujourd'hui constituer des épiphénomènes. Le « Familles, je vous hais » d'André Gide a fait place au « Familles, je vous ai » d'Hervé Bazin, voire à un « Familles, je vous aime ». D'ailleurs, plus des trois-quarts de nos 18-30 ans (76 %) se déclarent prêts à risquer leur vie pour leur famille. L'évolution mesurée avec la jeunesse de 1968 est spectaculaire. En ces temps où les moins de 30 ans s'affirmaient souvent en rupture avec la structure familiale et percevaient souvent leurs parents comme très éloignés de leurs préoccupations, l'envie de risquer sa vie pour sa famille dépassait à peine 50 %.

Sans chercher à fournir une explication globale à cette réhabilitation de la cellule familiale, deux aspects sont à relever.

Structurellement, les raisons de conflit au sein de la famille se cristallisent de moins en moins sur la question des mœurs, enjeu sur lequel l'antagonisme entre les jeunes et leurs parents s'est fortement réduit à partir des années 1970. En ce sens, les enquêtes IFOP au long cours sur le divorce, l'avortement, l'acceptation de l'homosexualité ou la légalisation de l'euthanasie ont montré la convergence des points de vue entre les générations, voire une quasi-similarité des opinions. L'écart entre les moins de 30 ans et la moyenne des Français s'agissant de l'adhésion à la phrase « Il est normal que les couples homosexuels puissent se marier » est marginal (82 % *versus* 75 % en moyenne). Ceux observés sur l'avortement s'avèrent encore plus ténus.

L'effacement de l'antagonisme entre les jeunes et leurs parents peut aussi s'analyser comme l'expression du rapprochement des valeurs que nous venons de décrire, laissant peu de place à des clivages intrafamiliaux. Force est de constater que ces tendances ne plaident en aucun cas pour l'image de conflits intergénérationnels dont la cellule familiale aurait constitué la principale scène. Conjoncturellement, l'épisode Covid a sans doute renforcé les liens familiaux, qu'il s'agisse des jeunes retournant vivre chez leurs parents lors du premier confinement, de l'aide matérielle fournie aux individus touchés par les effets économiques de la crise ou du soutien psychologique apporté aux plus fragiles… Nonobstant les tensions évidentes liées à la cohabitation sous le même toit, la vision protectrice de la structure familiale a été relégitimée.

Quand les jeunes sont interrogés sur les acteurs jugés capables de trouver des solutions répondant à leurs difficultés, les membres de sa famille émergent en tête, à quasi-égalité avec les jeunes eux-mêmes (50 % et 49 %) et loin devant les pouvoirs publics (34 %[5]). Dès lors, dans ce contexte troublé, la famille constitue pour la jeunesse la synthèse nécessaire de la préservation et de la protection. Notons que cette représentation de la famille comme rempart avait déjà été observée dans les années 1980, quand l'émergence d'un chômage de masse dans la jeunesse avait remis la cellule familiale au cœur des préoccupations des plus jeunes. Un sondage SOFRES mené à la fin des années 1980 indiquait que 94 % d'entre eux voyaient dans la famille une valeur primordiale, à la fois rassurante et protectrice.

---

5. IFOP pour l'association Avenir des jeunes, 1 506 personnes âgées de 16 à 28 ans interrogées en ligne du 30 mars au 8 avril 2021, selon la méthode des quotas.

Ce repli vers la famille « refuge » s'était d'ailleurs accompagné d'une atténuation du goût pour la révolte, évolution parfaitement résumée par Paul, un jeune interrogé par *Le Figaro*[6] : « Dans les années 1960, les jeunes avaient des raisons de se battre : la pilule c'était solide. Aujourd'hui, on se bat contre un ennemi qu'on ne voit pas, le chômage. C'est démobilisant puisque c'est un combat individuel. »

Deuxième pilier d'un système de valeurs davantage tourné vers la tradition, la valeur travail se voit accorder une très grande importance. Ce terme recèle une connotation positive exprimée par 82 % des 18-30 ans, soit un score similaire à celui de l'ensemble des Français (85 %). Sa légitimité dans les représentations des jeunes est renforcée par les a priori encore plus favorables associés à des termes connexes comme le mérite (88 %) et l'effort (86 %). Très marginalement reliée à l'univers de la contrainte, voire de l'aliénation, la valeur travail s'inscrit pleinement pour nos jeunes comme une dimension essentielle de leur vie. En effet, loin de le cantonner à la seule sphère professionnelle, 85 % des moins de 30 ans considèrent le travail comme « une condition de réussite de la vie personnelle ».

Cette valorisation du travail ne constitue pas à proprement parler une rupture par rapport aux jeunesses des décennies précédentes. Toutes, depuis les années 1980, ont été confrontées à la fin du plein-emploi et à un chômage de masse qui, par contraste, a encalminé le travail au centre de leurs préoccupations. Être jeune dans les années 1980, c'est s'intégrer dans une France en récession et faire face

6. Cf. la série publiée en décembre 2020 dans *Le Figaro*, « Avoir 20 ans ».

à l'ennemi chômage, encore inconnu des jeunes dix ans avant. L'être dans la décennie 2010, c'est également faire irruption sur un marché du travail ébranlé par la crise financière de 2007-2008 puis économique de 2009.

Les jeunes des années 2020 englués dans le Covid, notamment les 25-30 ans, s'inscrivent dans une logique identique, avec toutefois le handicap supplémentaire, pour beaucoup d'entre eux, de ne pouvoir se projeter dans l'après-crise. Cela vient sans doute expliquer deux spécificités propres aux 18-30 ans. Premier point, l'intensité de l'appréciation de la valeur travail semble à son zénith. En 2011, la part des jeunes connotant positivement le travail atteignait 76 %[7], soit 6 points de moins. Ces analyses corroborent les tendances observées dans le cadre de l'Observatoire des identités mené par Viavoice et *Usbek & Rica*[8]. Cette enquête montrait que, pour les plus jeunes, « leur projet de vie » et « leur ambition » constituaient des éléments très importants de leur identité, bien plus que pour la moyenne des Français. C'est le signe finalement que le travail reste encore pour cette jeunesse l'outil d'émancipation voire d'épanouissement de leur personnalité. Nous verrons ultérieurement que leur regard positif et la place du travail dans leur esprit expliquent aussi l'exigence que ces jeunes peuvent exprimer à l'égard de leur situation professionnelle. Second point, ces jeunes rejoignent pour la première fois leurs aînés sur la question de l'assistanat et s'inscrivent dans ce mouvement global de durcissement de

7. IFOP pour Europe 1, Les valeurs des Français en 2011, 1 040 personnes âgées de plus de 18 ans interrogées en ligne du 2 au 4 novembre 2011, selon la méthode des quotas.
8. Observatoire des identités Viavoice pour *Usbek & Rica*, 1 000 personnes interrogées en ligne en février 2021.

l'opinion publique. Le sujet assistanat, appréhendé sous l'angle des abus et fraudes aux prestations sociales ou aux indemnités chômage, était auparavant quasi absent du discours des jeunes mais plutôt porté par les catégories actives et retraités des classes populaires et moyennes. Pour un jeune, stigmatiser l'assistanat équivaut indirectement à valoriser le travail.

Ainsi une nette majorité des 18-30 ans (60 %, voire 65 % chez les 25-30 ans, *versus* 53 % dans l'opinion publique globale) estiment que « les chômeurs pourraient trouver du travail s'ils le voulaient vraiment ». La célèbre antienne présidentielle « traverser la rue et trouver du travail » se trouve indirectement validée dans une fraction majoritaire de la jeunesse. Enfin, comme un symbole de cette jeunesse qui sans a priori fait son marché pour se forger un système de valeurs mêlant le collectif et l'individuel, la tradition et la modernité, la notion d'autorité fait pleinement partie de l'univers de représentations des 18-30 ans. Il s'agit bien là d'une rupture forte avec les jeunes générations passées tant le rejet de l'autorité, qu'il soit réel dans son quotidien ou fantasmé, faisait partie dans les années 1960, 1970 ou 1980 de l'imaginaire de la jeunesse et constituait un ingrédient essentiel de son opposition au monde adulte.

Aujourd'hui et s'inscrivant toujours dans cette logique de rapprochement des valeurs entre les jeunes et leurs aînés, la demande d'autorité n'est plus taboue dans la jeunesse, ou du moins n'est plus cantonnée à des marges à la droite extrême de l'échiquier politique. Ainsi, le vocable « autorité » recueille chez les 18-30 ans une nette majorité de connotations positives (62 %), à un niveau même un peu plus élevé que celui constaté auprès de l'ensemble des Français (60 %). Ces perceptions favorables ne se démentent pas dans le détail des segments de population et apparaissent plus fortes encore parmi les hommes (67 % *versus* 58 %), chez les jeunes détenant un diplôme supérieur au baccalauréat ou se percevant comme privilégiés ou aisés (15 à 20 points de plus que dans les catégories populaires ou pauvres) et chez les sympathisants de droite et du RN. Une majorité de sympathisants de gauche expriment également un jugement positif à l'égard de ce terme.

Que dire de ce résultat ? En premier lieu, il vient confirmer l'hiatus à l'œuvre dans l'opinion publique entre l'attente croissante de libéralisation des mœurs dans le domaine privé et la demande d'ordre public. En un sens, cet attachement de la jeunesse à l'autorité acte le recul, voire la disparition, de l'idéologie libertaire postérieure à Mai 1968, qui associait étroitement revendication de la liberté en matière de mœurs et rejet de l'autorité. Surtout, la demande d'autorité est à relier à la montée spectaculaire de l'enjeu sécuritaire dans les préoccupations de l'opinion publique[9], après l'« été meurtrier 2020 » rappelant le contexte de la campagne présidentielle de 2002. La phrase « On ne se sent en sécurité nulle part » fait dans ce cadre l'objet de l'approbation de la majorité des 18-30 ans (54 %). Notons que, dans une enquête ultérieure[10], ce

---

9. Entre mai et fin août 2020, la part des Français considérant la lutte contre la délinquance comme un thème tout à fait prioritaire a bondi de 26 points pour atteindre 70 %. Cette progression auprès des moins de 25 ans a atteint 20 points (27 % à 47 %).

10. Enquête IFOP-Fiducial pour *Le Journal du dimanche* et Sud Radio, Radioscopie de l'électorat du Rassemblement national à un an de l'élection présidentielle de 2022, 1 045 personnes ayant déjà voté pour le Rassemblement national, extraites d'un échantillon de 3 034 personnes interrogées du 18 au 23 mars 2021, selon la méthode des quotas.

résultat culminera à 62 %, soit une part strictement identique à celle observée auprès de l'ensemble des Français (62 %). Ce score reflue logiquement lorsque la phrase proposée s'avère plus « concernante ». Pour autant, 44 % des 18-30 ans répondent par l'affirmative à « Il m'arrive de me sentir en insécurité dans ma ville, mon quartier ».

Sur ce terrain sécuritaire également, la fracture entre générations semble s'être réduite. Elle annonce en filigrane la préoccupation majoritaire du corps électoral, quelle que soit la génération d'appartenance à l'égard de cette thématique. Dans ce contexte, une campagne présidentielle « Papy Voise[11] », scandée par l'exploitation de faits divers s'imposant sur l'agenda politico-médiatique et donnant le tempo, semble quasi certaine.

UN DOUTE SUR L'ÉTAT, UN PLÉBISCITE POUR L'ENTREPRISE

S'intéresser au système de valeurs et de représentations de la jeunesse française, c'est également s'interroger sur son rapport à l'État. Ce dernier constitue le fil directeur des différentes périodes de notre histoire, de l'Ancien Régime à la Révolution, de l'absolutisme louis-quatorzien à la monarchie présidentielle de la Ve République. Et

---

11. Du nom du protagoniste d'un fait divers survenu dans la région d'Orléans dans les derniers jours de la campagne présidentielle de 2002 : un vieil homme, Paul Voise, avait été roué de coups par deux individus ayant tenté de le rançonner avant d'incendier sa maison. Beaucoup ont attribué à l'emballement médiatique autour de ce fait divers un rôle majeur dans la non-qualification de Lionel Jospin pour le second tour au soir du 21 avril.

cette période de pandémie peut s'avérer un *momentum* particulier pour appréhender le rapport des 18-30 ans à un État qui a pu apparaître aussi omniprésent et omnipotent qu'en situation de grande fragilité dans la gestion en cours de cette crise. Le regard des jeunes reflète assez fidèlement cette dualité. Le degré de connotation associé à l'État suscite à peine plus de jugements positifs (52 %) que négatifs (48 %) et apparaît en deçà du niveau constaté auprès de l'ensemble des Français (56 % d'opinions favorables). Ainsi, le modèle de l'État-providence partage parfaitement la jeunesse en deux blocs.

Ces perceptions mitigées qui placent plutôt bas le terme « État » dans la hiérarchie des mots préférés des 18-30 ans reflètent leurs opinions et attentes contradictoires vis-à-vis de la sphère étatique pendant la crise sanitaire. Parmi les jeunes qui critiquent l'État sont surreprésentés les segments déclarant le plus souffrir de la crise sanitaire (femmes, 25-30 ans, lycéens, catégories populaires ou défavorisées, sympathisants du RN, comme on l'a vu). Ceux-ci vilipendent un État qui ne les a pas assez protégés des conséquences économiques de la crise tout en se montrant intrusif à travers les contraintes multiples édictées lors des confinements. C'est dans la vision de cet État bouc émissaire, qui a « volé » une partie de ses meilleures années à la jeunesse de France tout en se montrant peu efficace à lutter contre le virus, qu'une partie des moins de 30 ans se retrouvent. Cette jeunesse fait sien le célèbre cri du cœur pompidolien sur la multiplication des lois et règlements : « Mais arrêtez donc d'emmerder les Français ! »

Tout se passe comme si l'épisode Covid avait joué un rôle d'amplificateur de la défiance à l'égard du rôle de l'État : 67 % des 18-30 ans considèrent que l'État intervient trop dans la vie des Français, soit 12 points de plus depuis 2011. Dans la France d'après-crise, le modèle de l'État hexagonal, qui ne séduit que mollement les jeunes, sera également à réinventer. La question qui se pose au regard de ces tendances est de savoir si nous sommes face à une vision consacrant un État « bouc émissaire », donnant corps au concept girardien, ou à une réinvention progressive du paradigme selon lequel il faudrait réinventer le rôle de l'État ? Ces interrogations méritent d'être posées à l'heure où les acteurs de l'intérêt général, du bien commun ne cessent de se réinventer. La croyance et la confiance de plus en plus forte manifestée à l'égard des entreprises en sont une illustration parfaite.

En contraste, le terme « libéralisme » bénéficie d'un capital de sympathie supérieur à l'État : 6 jeunes sur 10 font part d'une connotation positive à son égard, soit un score supérieur à celui observé auprès de l'ensemble des Français (55 %). Dans la jeunesse encore plus que dans l'opinion publique globale, le rejet épidermique envers ce mot « Voldemort » dont, à l'instar du méchant de la saga *Harry Potter*, on ne pouvait même pas prononcer le nom, a disparu[12]. Il s'agit au contraire bel et bien d'un regain de sympathie à l'égard d'un courant de pensée longtemps repoussoir dans les jeunesses hexagonales passées. On pense notamment à celle des années 1980 – la dernière à avoir connu un monde bipolaire – qui avait rejeté avec force lors de l'élection présidentielle de 1988 la politique

12. On se souvient par contraste du score obtenu par Alain Madelin en 2002 (3,9 %), premier et unique candidat à l'élection présidentielle se définissant sans complexes aucuns comme libéral et adepte du libéralisme.

jugée libérale du gouvernement Chirac ou qui vouait aux gémonies le libéralisme thatchérien ou reaganien. Aujourd'hui dans la hiérarchie des valeurs, le libéralisme apparaît, après le féminisme, comme le mot en « isme » préféré des jeunes[13]. En outre, les valeurs qu'il sous-tend font l'objet d'une forte adhésion que ce soit l'initiative (89 %) ou la responsabilité (85 %).

Dans le même mouvement, l'entreprise connaît un véritable plébiscite avec des opinions positives tangentant les 80 %, quelle que soit la catégorie d'individus. Là encore, le regard de la jeunesse sur l'entreprise et l'entrepreneuriat est désormais débarrassé de tout oripeau idéologique et totalement déconnecté du clivage gauche-droite ; 78 % des sympathisants de gauche (75 % à La France insoumise) expriment des a priori favorables à l'égard de l'entreprise, un résultat qui culmine à 88 % chez les marcheurs et 92 % à droite. Notons que cette « révolution » avait émergé de manière plus précoce auprès de l'ensemble des Français.

La dernière manifestation d'un regard partisan à l'égard du monde de l'entreprise remonte peut-être à la visite du Premier ministre de l'époque, Jean-Pierre Raffarin, à l'université d'été du MEDEF, après laquelle sa cote de popularité avait connu une forte baisse.

La dernière édition de l'enquête Nouvelle Vague révèle même un véritable credo pro-business, jamais entrevu dans la jeunesse. Des termes comme « profit » (58 % de score positif), « économie de marché » (60 %) ou

---

13. Parmi les 12 mots les plus rejetés, on trouve les termes « gaullisme », « indigénisme », « capitalisme », « individualisme » et « communisme ». Pour autant, le capital sympathie à leur égard est systématiquement supérieur à celui constaté auprès du grand public (11 points de plus pour « capitalisme », 10 points de plus pour « communisme »).

« compétitivité » (68 %), qui même après le tournant mitterrandien de 1983 constituaient des chiffons rouges pour une partie importante des plus jeunes, suscitent désormais adhésion ou, au pire, indifférence. Il faut bien se dire que cet âge d'or de l'entreprise chez les 18-30 ans est concomitant et se nourrit de leur méfiance croissante à l'égard de l'État. Plus des deux tiers d'entre eux estiment en effet qu'« il faut que l'État donne plus de libertés aux chefs d'entreprise » (64 %). Ce constat, partagé autant à droite qu'à gauche, est principalement mis en exergue par les 25-30 ans (72 % *versus* 58 % parmi les 18-20 ans), le segment tendanciellement le plus au contact des entreprises.

Ce phénomène de décrispation idéologique, voire d'adhésion à l'égard du projet entrepreneurial, s'accompagne plus largement de l'attente exprimée par la jeunesse, comme par l'ensemble des Français, de voir les entreprises intervenir sur des enjeux ayant des impacts positifs sur la société, lesquels vont bien au-delà de leurs missions originelles de création de biens et de richesses.

Cette ode à l'entreprise doit enfin s'inscrire dans une double dimension. D'une part, elle est largement indexée sur le facteur taille de la structure. Plus que jamais, les jeunes expriment leur affection pour l'« entreprise du coin de la rue », TPE ou PME, quand dans le même temps le grand groupe personnifié par les géants du numérique provoque méfiance et hostilité (62 % de connotation négative pour les GAFA). À l'inverse, cette logique *« small is beautiful »* conduit à l'idéalisation par la jeunesse d'un statut, l'auto-entrepreneuriat (83 % de connotations positives), et d'un type de structure, la start-up (79 %). Celle-ci semble constituer pour ces jeunes un mix idéal entre la petite entreprise (« qui ne connaît pas la crise ») et la projection de leurs ambitions de la voir grossir et s'imposer dans son secteur. D'autre part, l'attrait pour l'entrepreneuriat est assorti d'une condition *sine qua non*, à savoir un comportement exemplaire des entreprises sur le terrain environnemental et sociétal. Ainsi, 85 % des 18-30 ans manifestent leur accord avec le fait que les aides publiques soient accordées aux entreprises en fonction de contreparties environnementales et sociales. Le discours très pro-entreprises de cette jeunesse semble s'arrêter au strict respect de la doxa environnementale.

UNE AMBIVALENCE ENTRE GÉNÉROSITÉ ET DURCISSEMENT SOCIÉTAL

L'examen des représentations et valeurs des 18-30 ans relatives à l'altérité révèle enfin un paradoxe attestant plus que jamais de la pluralité de regards et points de vue dans la jeunesse. S'agissant de leur degré d'ouverture, les jeunes Français expriment dans leur majorité une adhésion aux discours valorisant la tradition d'accueil des étrangers. Ainsi, plus de 6 personnes sur 10 (62 %) considèrent que la France doit accueillir les réfugiés venant de pays en guerre ou qu'elle doit maintenir cette tradition d'accueil (58 %). Le terme « droit d'asile » lui-même bénéficie d'une connotation positive de 60 % (44 % seulement parmi l'ensemble des Français). Au cœur de cette perception réside une disposition à l'ouverture aux autres cultures (69 % des 18-30 ans estiment que la France doit devenir une société multiculturelle) et d'une adhésion aux politiques d'intégration des étrangers. À cet égard, la proposition « serpent de mer » du droit de vote aux élections municipales pour les étrangers résidant en France, déjà au programme du candidat Mitterrand en 1981, recueille l'assentiment de 61 % des jeunes.

Bien évidemment, dans un contexte de crispation croissante de la société sur les sujets liés à l'identité et à l'immigration, se fait jour un hiatus net avec l'ensemble des Français. Il convient d'ailleurs de l'avoir en tête, dans la mesure où il s'agit du seul point saillant de fracture entre 18-30 ans et grand public sur les valeurs. Lorsque l'IFOP, dans l'enquête Radioscopie de l'électorat frontiste, propose à 3 000 Français d'exprimer leur adhésion ou leur opposition à toute une série de phrases reflétant les perceptions sur notre pays[14], les convergences de points de vue entre jeunes et grand public sont systématiques, confirmant le mouvement évoqué précédemment d'homogénéisation des valeurs. Or le décalage d'adhésion entre jeunes de 18 à 30 ans et grand public sur le droit de vote des étrangers atteint 14 points de moins, et même 20 points sur le fait que la France devienne une société multiculturelle. L'hiatus observé sur la connotation des termes « droit d'asile » ou « immigration » est respectivement de 16 et 18 points (48 % dans la jeunesse *versus* 30 % en moyenne). On peut même parler d'une véritable fracture entre les deux extrêmes du spectre générationnel : quand près de 7 jeunes sur 10 de moins de 25 ans appellent de leurs vœux le droit de vote pour les étrangers aux scrutins locaux, 58 % des seniors le refusent. Pareillement,

14. Enquête IFOP-Fiducial pour *Le Journal du dimanche* et Sud Radio, Radioscopie de l'électorat du Rassemblement national à un an de l'élection présidentielle de 2022, déjà citée.

le rejet de l'immigration atteint 77 % des plus de 65 ans (46 % chez les 18-30 ans).

Ces lignes de clivages touchent également les 18-30 ans, qui ne présentent pas une opinion homogène. Dans le détail des réponses, on observe d'une part un tropisme spécifique à l'ouverture sur ces questions d'intégration et d'accueil de la part des femmes et des moins de 20 ans (78 % contre 65 % par exemple sur le devenir multiculturel de notre société). D'autre part, à l'instar de l'ensemble des Français, l'analyse des jugements par sympathie politique révèle que ces enjeux liés à l'immigration constituent un formidable moyen de réactiver au sein de la jeunesse le clivage gauche-droite. En effet, quelle que soit la dimension testée, les points de vue des sympathisants de gauche et de droite s'avèrent parfaitement antagonistes, avec des écarts dépassant plus de 35 points sur l'accueil de réfugiés venant de pays en guerre (75 % *versus* 38 %) ou sur le droit de vote pour les étrangers (73 % *versus* 36 %). Par ailleurs, ces représentations donnent à voir des jeunes proches de LR et des sympathisants du Rassemblement national « en fusion », c'est-à-dire exprimant des constats ou des jugements quasi identiques (1 point d'écart seulement entre ces deux groupes sur l'accueil de réfugiés ou le droit de vote). En dépit de cette forme de reproduction chez les 18-30 ans des lignes de fracture partisanes à l'œuvre chez leurs aînés, l'alignement des valeurs entre générations déjà évoqué ne s'est pas diffusé sur ces enjeux liés à l'altérité.

Au cœur de cette spécificité de la jeunesse, c'est avant tout un rapport « unique » des 18-30 ans à la mondialisation qu'il convient de souligner. On sait à quel point ce terme protéiforme concentre dans l'opinion publique déceptions et rancœurs. Il constitue une surface de projection somme toute commode de frustrations économiques, sociales et sociétales : un plan de licenciements, un mouvement social non abouti, l'impression de perdre ses repères culturels[15]… et la mondialisation apparaît vite dans les discours des Français, à la fois comme responsable et comme repoussoir. À cet égard, la dernière livraison du baromètre IFOP sur le libéralisme[16] révélait un score de rejet du terme « mondialisation » par deux tiers des Français. Seuls le « capitalisme » et les « GAFA » ont suscité des a priori négatifs plus importants. À l'inverse, les représentations observées dans la jeunesse diffèrent complètement. Dans notre enquête Nouvelle Vague 2021, la mondialisation bénéficie d'une connotation majoritairement positive exprimée par 57 % des interviewés âgés de moins de 30 ans, soit 23 points de plus qu'auprès du grand public. Ce score oscille marginalement en fonction des segments démographiques, même s'il culmine à 65 % parmi les 18-20 ans. De même, les clivages partisans s'avèrent marginaux avec une adhésion majoritaire à gauche (56 %) comme à droite (61 %). Seuls les sympathisants frontistes expriment majoritairement un rejet (54 %) quand les « marcheurs » plébiscitent ce terme (72 %). C'est une mondialisation heureuse dont les jeunes, à la différence de leurs aînés, font part. Plus des deux tiers des 18-30 ans considèrent que la mondialisation est une bonne chose pour la France, quand cette affirmation

15. 66 % des Français considèrent qu'aujourd'hui on ne se sent plus chez soi comme avant (source : *Journal du dimanche*, Radioscopie de l'électorat du RN, enquête citée).
16. Baromètre IFOP pour *L'Opinion* et la Fondation Concorde sur le libéralisme, 1 032 personnes âgées de plus de 18 ans interrogées en ligne du 13 au 14 octobre 2020, selon la méthode des quotas.

recueille l'assentiment d'à peine 1 Français sur 2. La jeunesse se sent dans la mondialisation comme un poisson dans l'eau et y voit, parallèlement aux bénéfices pour le pays, le sésame lui permettant notamment de découvrir un monde désormais à portée de main, qu'elle veut tester et expérimenter.

Pour autant, l'ouverture de la jeunesse à autrui, sa bienveillance à l'égard de l'immigration, bien plus importante que dans l'opinion publique globale, ne sont pas totales. Ces attitudes ouvertes viennent même se fracasser brutalement sur les réalités socio-économiques. Les effets de la crise érodent, en effet, largement ce tropisme multiculturel majoritaire parmi les 18-30 ans. Près de trois quarts des répondants expriment leur adhésion à l'idée qu'« en période de crise économique, il faut réserver en priorité les embauches aux jeunes Français », un score qui ne se dément pas, quels que soient le genre, la classe d'âge et même la sympathie partisane. Les jeunes sympathisants de gauche se disent en effet d'accord à hauteur de 70 %, ceux de droite et du RN à 82 %. Ce résultat issu de l'enquête Nouvelle Vague 2021 ne manque pas de surprendre, voire de choquer, au regard des indicateurs précédemment décrits. S'agit-il de la même jeunesse, favorable à plus de 60 % au droit de vote des étrangers ou à la société multiculturelle, qui reprend majoritairement à son compte un des plus anciens totems frontistes, à savoir la préférence nationale, mise en exergue par Jean-Marie Le Pen dès son retour dans le champ politico-médiatique à partir de 1982 ? On peut voir là moins une ambivalence que le reflet d'une jeunesse pragmatique (moins corseté par un cadre idéologique) qui fait en quelque sorte « son marché » sur ces questions d'ouverture et d'accueil et que les effets réels ou anticipés de la crise économique poussent à un certain durcissement.

On retrouve la même logique sur la question du coût de l'immigration. Seuls 45 % des 18-30 ans estiment que l'« immigration rapporte plus à la France qu'elle ne lui coûte ». La vision d'une immigration coûteuse, tournant le dos à l'idée communément défendue par la génération SOS Racisme dans les années 1980 qu'elle constituerait une chance pour la France[17], devient même majoritaire chez les 20-30 ans (57 %), les personnes se percevant comme membres des classes moyennes inférieures (63 %) et les sympathisants de droite (67 %) et du RN (78 %). Ce durcissement vient enfin confirmer le mouvement de droitisation des opinions et valeurs, enregistré dans l'opinion publique dans son ensemble et qui atteint par ricochet la jeunesse. L'examen au cours des quarante dernières années du positionnement des jeunes sur l'axe gauche-droite met en exergue cette inclination vers la droite de l'échiquier politique. Celle-ci s'avère somme toute récente : en 1981 comme en 1999[18], à peine 1 jeune de moins de 30 ans sur 10 se positionnait à droite ; ils sont désormais un quart[19]. Pour la première fois, la part des jeunes se situant à droite dépasse celle des jeunes de gauche, le poids de ces derniers passant depuis 1999 de 30 % à 21 %.

---

17. Du nom du célèbre livre de Bernard Stasi, *L'Immigration : une chance pour la France*, Robert Laffont, 1984.
18. Olivier Galland et Bernard Roudet (dir.), *op. cit.*
19. Notons toutefois que ce regain ne se traduira que marginalement en faveur des prétendants à l'élection présidentielle venant de la droite.

LA JEUNESSE ET LA DÉMOCRATIE : ENTRE DOUTES ET TENTATION DE LA RADICALITÉ

La crise démocratique concerne-t-elle plutôt les jeunes, ou sommes-nous face à un essoufflement démocratique partagé par tous ? À en croire les chiffres de la participation aux dernières élections, notamment celle enregistrée à la présidentielle de 2017 et aux élections législatives qui ont suivi ainsi qu'à toutes les élections intermédiaires du quinquennat d'Emmanuel Macron, la pratique démocratique des jeunes, comme celle observée auprès de l'ensemble des Français, montre de réels signes d'inconstance. À cet égard, l'abstention record constatée lors des dernières élections régionales (66,7 % du corps électoral, 84 % parmi les moins de 25 ans[1]) n'a fait que confirmer une tendance abstentionniste bien enracinée dans le pays.

Selon les données publiées par l'INSEE, on estime que 6 jeunes sur 10 votent par intermittence, et, parmi les 18-29 ans, moins de deux inscrits sur dix ont voté à tous les tours des élections qui se sont déroulées en 2017. Plus précisément, sur la tranche d'âge 18-24 ans, et quel que soit le scrutin, l'abstention relevée est en moyenne supérieure

1. Sondage Jour du Vote IFOP-Fiducial pour TF1-LCI et *Le Figaro*, échantillon de 2 642 personnes inscrites sur les listes électorales, extrait d'un échantillon de 2 935 personnes, représentatif de la population française, interrogées en ligne le 20 juin 2021.

de 10 points à celle de l'ensemble de la population. À titre d'exemple, lors de la dernière élection présidentielle de 2017 et aux européennes de 2019 (qui avaient connu un sursaut de participation globale malgré une abstention supérieure à 50 %), seul un tiers des 18-24 ans s'était rendu aux urnes.

Bien sûr, la défiance envers la politique et la perte de confiance dans le personnel politique expliquent une partie de cette apathie électorale, nous le verrons. Pour autant, existe-t-il d'autres indicateurs et faisceaux d'indices explicatifs ? Car cette jeunesse qui boude les urnes ne défie pas seulement le politique, elle remet en cause la démocratie et ses principes. La question est complexe : les jeunes Français croient-ils encore en la démocratie comme système politique et comme lieu d'organisation de la vie citoyenne ?

Les différentes enquêtes d'opinion réalisées ces dernières années dressent un constat majeur et décisif sur la façon dont les jeunes considèrent le modèle démocratique. Au-delà du casting en jeu, de la distance prise envers le monde politique et de ses personnages, c'est bien une mise en doute du modèle démocratique que semblent exprimer les jeunes Français, une interrogation que la crise du Covid-19 a amplifiée.

Le doute démocratique s'installe peu à peu chez les plus jeunes et remet en question les principes fondamentaux de la démocratie, dont celui de la représentativité. Mais en générant des enjeux quant à l'expression de l'engagement « citoyen », les jeunes réinventent l'action politique, parfois en dehors du cadre politique et institutionnel. Toutefois, sans une institutionnalisation du conflit, du débat, du dialogue, la jeunesse pourrait se tourner vers davantage de radicalité, et de violence.

UNE DÉMOCRATIE QUI NE VA PLUS DE SOI POUR LES JEUNES FRANÇAIS

Une certaine vision de la République ne révèle-t-elle pas déjà une forme de doute démocratique ? Premier indicateur saillant de l'étude menée par l'IFOP pour Havas Paris[2] : pour les jeunes Français, la République ne désigne que marginalement le vote et le modèle démocratique. Les composantes essentielles de la République sont d'abord pour eux une communauté de valeurs – notamment le triptyque républicain – un ensemble de droits fondamentaux et des injonctions légitimes, des devoirs.

Question : Parmi les qualificatifs suivants, quel est celui qui selon vous définit le mieux la République ?

	La devise « Liberté, Égalité, Fraternité »	Un statut de citoyen qui donne des droits et des devoirs	Le droit de vote et la démocratie	Un président de la République plutôt qu'un roi	La défense de la laïcité	L'école et l'ascension sociale	TOTAL
otal moins de 35 ans	**53**	**46**	**44**	**22**	**20**	**16**	**(*)**
8-24 ans	47	42	55	22	19	15	(*)
5-34 ans	56	49	37	21	21	16	(*)

(*) Total supérieur à 100 %, les interviewés ayant pu donner deux réponses.

2. Enquête IFOP pour Havas Paris, 1 021 personnes interrogées en ligne en décembre 2020, selon la méthode des quotas.

Par ailleurs, selon cette même étude, les représentations liées à la République sont, en tendance, moins positives chez les plus jeunes que chez les plus âgés. Alors que pour 73 % des moins de 35 ans la République évoque quelque chose de positif, 81 % des plus de 35 ans partagent cet avis, une différence notable de 8 points. Ce décalage s'explique notamment par une idée « juvénile » de la République qui manque de concret, perçue sans doute comme une chose universelle sur laquelle les jeunes ont finalement peu d'emprise, peu d'évocations, comme si l'idée républicaine représentait un tableau abstrait dont ils ne parvenaient pas vraiment à déchiffrer le contenu. Plus encore, cette désaffection renvoie à la diffusion de la pensée « *woke* » auprès d'une part significative de jeunes Français dénonçant les travers d'un système politique qui entretiendrait les inégalités et certaines discriminations. La République constituerait donc, au mieux, une sorte de coquille vide à laquelle les jeunes Français peinent à donner un sens. Les tendances sont claires : 51 % des moins de 35 ans considèrent que la République est quelque chose de concret quand 68 % des plus de 35 ans expriment cet avis. Ainsi, la République sonne creux au sein d'une fraction de la jeunesse. Ces « segments perdus de la République » alimentent l'idée d'une réelle dissociation entre République et démocratie.

On pourrait ici se remémorer les mots du président de La France insoumise qui avait scandé avec la force du droit « La République, c'est moi ! » aux forces de police venues perquisitionner le siège de son parti. Il n'est pas évident que le cri de révolte de Jean-Luc Mélenchon ait été totalement compris par les jeunes Français dont l'idée de République est finalement peu liée à l'esprit démocratique, voire en est déconnectée, tant la démocratie, flottante, semble s'éloigner du socle même de la République. Alors, République et démocratie, les deux faces d'une même pièce ? Plus si sûr pour nos jeunes.

Cette génération révèle ainsi une vision assez singulière de la démocratie, de ce qu'elle représente, ce qui est sans doute l'expression d'une remise en question du paradigme « collectif » que nous avons commencé à évoquer dans la première partie de cet ouvrage. Ce doute quant à la possibilité d'un modèle démocratique qui consacre des institutions politiques représentatives conduit nécessairement à la remise en cause du principe même de la « représentativité » comme une défiance au principe de « délégation des pouvoirs ». Les jeunes Français semblent douter de plus en plus de l'efficacité et, par conséquent, de la légitimité d'un tel modèle démocratique dont ils dénoncent bien souvent les dysfonctionnements. Comme un avion en plein décrochage, la démocratie perd de sa portance.

La démocratie représentative ne va donc plus de soi et elle vacille même dans l'opinion des jeunes. Mais douter ne signifie pas nécessairement renoncer. Car une large majorité de jeunes Français loue encore le modèle démocratique : 80 %[3] des 18-30 ans le jugent bon (31 % « très bon », 49 % « assez bon »). De la même manière, 78 %[4]

3. Enquête IFOP pour les éditions Les Arènes, 1 513 personnes âgées de 18 à 30 ans interrogées en ligne du 12 au 17 février 2021, selon la méthode des quotas.

4. Enquête IFOP-Fiducial pour *Le Journal du dimanche* et Sud Radio, Radioscopie de l'électorat du Rassemblement national à un an de l'élection présidentielle de 2022, 1 045 personnes ayant déjà voté pour le Rassemblement national, extraites d'un échantillon de 3 034 personnes interrogées du 18 au 23 mars 2021, selon la méthode des quotas.

d'entre eux estiment que la seule forme de gouvernement acceptable en France est la démocratie, quand bien même ce score est inférieur de 8 points à celui observé auprès de l'ensemble des Français.

D'ailleurs, il convient de noter l'appétence très marquée de la jeunesse pour la démocratie participative. En effet, certains outils de cette forme de démocratie, notamment les conférences de citoyens, constituent un lieu de la décision acceptée car co-construite par les citoyens. En ce sens, ces dispositifs constituent une épure de démocratie directe, un chemin vers un idéal démocratique. En fait, ce n'est tant pas le principe « démocratique » que son système représentatif qui semble contesté par ces jeunes. En effet, d'autres indicateurs complexifient l'apparente adhésion « massive » au système démocratique. Nous verrons que la jeunesse, presque par défaut, remet en cause son fonctionnement et ses fondements.

À la recherche d'une meilleure représentativité, 63 % des jeunes Français estiment qu'il faudrait que ce soit les citoyens eux-mêmes, et non un gouvernement (qui dispose à sa tête d'un président issu du suffrage universel direct), qui décident de ce qui leur semble meilleur pour leur pays. En d'autres termes, il s'agit de revenir à l'essence même de l'esprit républicain, consacrant l'idée du « peuple souverain » qui déciderait par lui-même, refusant toute délégation du pouvoir. En effet, il apparaît de plus en plus difficile d'accepter l'idée que la singularité, l'expérience de chacun, puisse être représentée par une tierce personne (élue ou pas), c'est-à-dire d'accepter l'idée qu'un autre que soi parle en son nom.

Telle est la singularité d'une génération qui épouse une tendance à la subjectivation très forte de ses expériences et de ses parcours. Mais plus encore, le modèle démocratique ne semble plus si indispensable, et se voit concurrencer dans l'opinion des plus jeunes par des systèmes politiques plus « autoritaires ». En ce sens, près d'une majorité des jeunes aujourd'hui (47 %[5]) considère comme un bon modèle le système qui consacre, à la tête du pays, un chef qui n'a pas à se préoccuper du Parlement et des élections. Certains de leurs aînés jugent la présidence jupitérienne d'Emmanuel Macron comme une forme d'excès d'autorité. Pour la jeunesse, force et autorité constituent au contraire plutôt des attributs positifs et nécessaires pour un acteur politique, à la condition qu'ils soient reliés aux notions d'efficacité et de résultats. Ces dimensions émergent d'ailleurs le plus souvent en tête des attentes formulées par les jeunes envers le personnel politique. Notons enfin que ces attributs d'efficacité étaient attachés au candidat Macron puis au président élu, ce qui peut expliquer sa cote de popularité plus élevée chez les jeunes.

L'analyse sociologique des réponses permet de mettre en évidence des clivages intéressants au sein même de la jeunesse, et des fractures finalement peu attendues. En effet, l'adhésion à ce système qui verrait consacrer un chef autoritaire à la tête du pays est fortement corrélée à l'âge des répondants. Dans ce cadre, ce sont surtout les plus âgés qui plébiscitent ce modèle de « gouvernement », les plus jeunes étant eux plus réticents. Si « seulement » 42 %[6] des 18-20 ans approuvent le modèle du chef qui n'a pas à se préoccuper des élections et du Parlement, plus de la moitié des 25-30 ans (52 %) – qui ont donc eu la possibilité

5. Enquête IFOP pour les éditions Les Arènes, déjà citée.
6. *Ibid.*

de voter depuis au moins sept ans – adhèrent à ce modèle. Soit une différence de 10 points entre ces deux tranches de la même génération. Se révèle ici le statut plus complexe des 25-30 ans, qui sont en attente de changements profonds, d'où l'attrait réel de cette partie de la jeunesse pour des candidats tribunitiens, alimentant l'image d'un chef charismatique, seul capable qui fait bouger les choses…

Plus surprenant, il ressort assez clairement de l'étude menée que ce sont les jeunes se considérant comme les plus aisés et les plus privilégiés qui adhèrent majoritairement à cette forme stricte de système politique. Les tendances sont nettes : quand 73 % et 67 % des jeunes déclarant appartenir aux catégories privilégiées et aisées plaident pour un chef débarrassé de tout obstacle et contre-pouvoir, ils ne sont que 45 % des jeunes de classe moyenne inférieure et 40 % des catégories défavorisées à approuver cette éventualité.

Si le clivage socio-économique prédomine assez largement, nous observons un alignement des opinions quel que soit le niveau de diplôme des jeunes répondants. Les jeunes diplômés et les peu ou pas diplômés se retrouvent assez bien dans l'aspiration à un autre modèle politique. Mais c'est dans l'analyse des restitutions de vote que les résultats constatés sont les plus étonnants. C'est notamment le cas parmi les jeunes interrogés qui ont pu voter à la présidentielle de 2017, où la tendance est des plus surprenantes. En effet, 55 % des jeunes répondants ayant voté Emmanuel Macron au premier tour de la présidentielle de 2017 plaident pour un système politique consacrant un chef autoritaire. Ces scores renvoient d'ailleurs aux traits d'image attribués au candidat Macron, notamment celle de l'incarnation d'une nouvelle forme d'autorité, en rupture avec les présidences précédentes. À titre de comparaison, 49 % des électeurs de Marine Le Pen appellent de leurs vœux cette forme de gouvernement autoritaire, ils sont 48 % parmi les électeurs de Jean-Luc Mélenchon, 42 % parmi ceux de Benoît Hamon et à peine un tiers (34 %) des électeurs de François Fillon.

Question : Voici différents types de systèmes politiques. Pour chacun d'eux, diriez-vous que ce système politique actuel serait très bon, assez bon, assez mauvais ou très mauvais pour la France ?

	TOTAL Bon	Très bon	Assez bon	TOTAL Mauvais	Assez mauvais	Très mauvais	TOTAL
Avoir un système politique démocratique	**80**	31	49	**20**	15	5	100
Que ce soit les citoyens et non un gouvernement qui décident ce qui leur semble le meilleur pour le pays	**63**	20	43	**37**	27	10	100
Que ce soit des experts et non un gouvernement qui décident ce qui leur semble le meilleur pour le pays	**63**	15	48	**37**	26	11	100
Avoir à la tête du pays un chef qui n'a pas à se préoccuper du Parlement et des élections	**47**	13	34	**53**	36	17	100
Que l'armée dirige le pays	**34**	10	24	**66**	32	34	100

La jeunesse française plaide ainsi pour une nouvelle forme d'autorité légitime. Est-ce le corollaire d'une confiance perdue en la politique telle qu'elle s'organise et se pratique ? Est-ce l'expression d'une inefficacité perçue de la démocratie telle qu'elle se pense à travers nos institutions, face aux enjeux écologiques, sociaux et économiques ? Ou peut-être est-ce finalement l'expression d'une jeunesse qui dit tout de l'aspect suranné de nos institutions démocratiques et qui trouverait dans « l'autorité », le fantasme du « chef », l'échappatoire à cette perte de confiance. Si l'on reprend la métaphore aérienne, lorsqu'un avion décroche et chute, il faut piquer du nez pour reprendre de l'altitude et retrouver la portance.

Le constat en devient accablant : une élection dont on ne perçoit que de plus en plus difficilement l'utilité, un Parlement dont on ignore en grande partie le rôle essentiel et, par conséquent, une volonté croissante de consacrer un modèle dépouillé de ces symboles démocratiques. En 2021, un tiers des jeunes Français (34 %) adhèrent même à l'idée que l'armée puisse diriger le pays. Ce résultat, enregistré dans une période où, pour la première fois depuis la guerre d'Algérie, des militaires retraités ou d'active ont fait irruption, via des tribunes, dans le débat public ne doit pas laisser indifférent. Ces éléments d'opinion présentant la démocratie comme sans saveur et sans contenu pour une fraction importante de la jeunesse nous rappellent l'enjeu collectif de remettre au cœur des préoccupations et du débat la façon dont ce type de régime se raconte et s'incarne. Des jeunes Français pointent ainsi le manque de vitalité, de résultats, d'incarnation de notre démocratie.

Si une courte majorité (56 %) des jeunes Français considère toutefois que la démocratie fonctionne bien, le détail de ces résultats révèle de nombreux clivages. D'abord, ce bon fonctionnement perçu doit être nuancé :

ils sont surtout 49 % à penser qu'elle fonctionne « assez bien », la part de convaincus du très bon fonctionnement démocratique ne représente que 7 %. Par ailleurs, une part non négligeable des 18-30 ans (44 %) estime que la démocratie en France ne fonctionne pas bien, et la part des jeunes qui dénoncent son dysfonctionnement est plus grande que celle des convaincus (11 % estiment que la démocratie fonctionne très mal).

Plus encore, l'opinion des jeunes Français sur le fonctionnement de la démocratie rend compte de fractures à l'intérieur même de cette jeunesse. En effet, alors que les plus jeunes (18-20 ans) se déclarent un peu moins favorables au modèle du chef qui n'a pas à se préoccuper des élections et du Parlement, plus de la moitié des 25-30 ans (52 %) approuvent ce modèle. Aussi, les indicateurs sociaux sont décisifs dans l'analyse révélant même des tendances contre-intuitives. En effet, plus la classe sociale subjective est favorisée, plus l'adhésion à un système politique « autoritaire » est importante. À ce titre, 73 % et 67 % des jeunes déclarant appartenir aux catégories privilégiées et aisées plaident pour un chef débarrassé de tout obstacle et contre-pouvoirs, ils ne sont que 45 % des jeunes de classe moyenne inférieure et 40 % des catégories défavorisées à approuver cette éventualité.

Question : Voici différents types de systèmes politiques. Pour chacun d'eux, diriez-vous que ce système politique actuel serait très bon, assez bon, assez mauvais ou très mauvais pour la France ?

	Âge de l'interviewé			Appartenance subjective à une classe sociale			
	18 à 20 ans	21 à 25 ans	25 à 30 ans	Cat. privilégiée	Cat. aisée	Classe moy. sup.	Classe moy. Inf.
Avoir un système politique démocratique	80	75	81	79	80	82	79
Que ce soit les citoyens et non un gouvernement qui décident ce qui leur semble le meilleur pour le pays	60	62	65	79	64	59	63
Que ce soit des experts et non un gouvernement qui décident ce qui leur semble le meilleur pour le pays	67	57	63	78	69	66	62
Avoir à la tête du pays un chef qui n'a pas à se préoccuper du Parlement et des élections	42	**44**	**52**	**73**	**67**	46	45
Que l'armée dirige le pays	32	31	38	59	67	33	32

otal bon système									
			Vote à la présidentielle de 2017 (1er tour)						
	Cat. pop.	Cat. défavorisée	Mélenchon	Hamon	Macron	Fillon	Dupont-Aignan	Le Pen
	81	72	82	89	84	97	88	72
	63	69	75	82	51	53	51	65
	56	55	61	67	67	68	63	56
	43	40	48	42	**55**	34	46	49
	24	31	32	22	**37**	33	24	41

La démocratie apparaît donc de moins en moins essentielle aux yeux de la jeunesse. Son caractère presque superfétatoire ne constitue pas un constat totalement nouveau. On le perçoit depuis maintenant plusieurs années dans les analyses d'opinion. En 2019 déjà, l'Observatoire de la démocratie[7] mené par l'institut Viavoice livrait des tendances majeures sur cette question. Selon les résultats, à peine 42 % des jeunes de 18-24 ans jugeaient la démocratie indispensable, contre 61 % des 50-64 ans et 66 % des 65 ans et plus. Soit une fracture de plus de 20 points entre les différentes générations. Par ailleurs, dans cette même étude, si 82 % des Français dans leur ensemble jugeaient essentielle l'élection au suffrage universel, ils étaient déjà 10 points de moins (72 %) chez les plus jeunes, âgés de 18 à 24 ans.

Question : Diriez-vous que la démocratie est pour vous... ?

En %	Indispensable	Importante	Secondaire	Inutile	Néfaste	Non-réponse	TOTAL
18 à 24 ans	**42**	40	8	1	3	6	100
25 à 34 ans	49	39	6	1	1	4	100
35 à 49 ans	48	40	6	2	-	4	100
50 à 64 ans	**61**	30	5	1	-	3	100
65 ans et plus	**66**	30	1	-	-	3	100

Mais si la défiance que l'on observe à l'égard du devoir démocratique et du vote aux différentes élections est

7. L'Observatoire de la démocratie Viavoice – Institut Marc-Sangnier – Fondation Jean-Jaurès – Revue Civique, 1 020 personnes interrogées en ligne du 6 au 7 mars 2019, selon la méthode des quotas.

réelle, la distance des plus jeunes à la chose politique ne saurait être expliquée seulement par cet état de fait. Car, comme nous avons commencé à l'évoquer, les jeunes semblent douter peu à peu de l'exercice démocratique, de son organisation, puisqu'ils contestent un principe qui lui est essentiel : celui de la représentation. Là encore, il existe des signaux, même faibles, que les différentes études d'opinion nous révèlent depuis des années et que la situation actuelle amplifie manifestement.

À titre d'exemple, l'Observatoire de la démocratie[8] faisait déjà figurer le doute parmi les plus jeunes quant aux institutions représentatives bien au-delà des instances « politisées » comme celle que peut représenter le Parlement. À ce titre, nous sommes face à une génération « désyndicalisée ». L'histoire du syndicalisme et des mouvements sociaux récents appartient finalement très peu à la mémoire collective de cette génération. Il n'est pas étonnant qu'à peine 47 % des jeunes de 18-24 ans et 49 % des 25-34 ans considèrent que l'existence de corps intermédiaires est essentielle. Il apparaît ici une fracture profonde entre les générations, car 61 % des 50-64 ans et 66 % des 65 ans et plus sont, quant à eux, convaincus de leur importance. Le doute à l'égard de la démocratie se nourrit finalement d'une remise en cause plus globale du concept même de représentation. Une question essentielle est alors posée par cette jeunesse de France : comment imaginer les lieux, nouveaux, du débat démocratique ? Car derrière l'idée d'une perte de confiance dans la représentation transparaît l'institutionnalisation du conflit qu'elle permet. Si le conflit social n'est plus institutionnalisé, c'est-à-dire n'est

8. *Ibid.*

plus incarné dans des institutions pensées pour le débat, dans des espaces essentiels au dialogue, comment produire alors collectivement le mouvement social et prendre les décisions qui s'imposent légitimement à tous ?

LA JEUNESSE DE FRANCE TENTÉE PAR LA RADICALITÉ ?

Les différentes tendances d'opinion et leurs analyses révèlent donc les prémices d'un doute portant sur la démocratie dans une partie de la jeunesse du pays. La question démocratique soulève l'enjeu majeur de la représentation, du dialogue, et du conflit social. Inhérent à tout mouvement de société, ce conflit préexiste évidemment à toute organisation démocratique. Mais la démocratie lui donne corps, l'incarne, l'institutionnalise. En ce sens, les institutions que représentent notre Parlement, nos corps intermédiaires, nos élections et échéances démocratiques incarnent en quelque sorte le conflit. Elles lui permettent, dans un espace dédié et pensé, d'imposer au nom de tous la décision politique et publique. Autrement dit, c'est la capacité à institutionnaliser le conflit (propre au modèle démocratique) qui donne sens à l'idée d'un « ordre légitime », comme Max Weber le disait de la « violence légitime » incarnée par l'État.

Renoncer à ces espaces démocratiques où se discutent les conflits, n'est-ce pas nourrir l'idée d'une « violence légitime » mais qui, elle, ne serait plus incarnée par l'État ? Et qu'en est-il dans les jeunes générations ? Au-delà du doute démocratique, nous observons chez une partie de la jeunesse l'idée émergente qu'une violence radicale serait nécessaire pour faire avancer les choses et notamment la cause de la principale attente que ces jeunes expriment :

le changement. Au cœur de cette tentation de la violence réside le sentiment que nous vivons actuellement dans une société injuste. En effet, selon l'enquête Nouvelle Vague, 60 %[9] des jeunes estiment que la société actuelle est injuste, une situation ressentie comme insupportable et qui conduit à légitimer l'action radicale. Certains voient dans ce type d'action le seul outil permettant le changement réel. Comme si, face à la perte de confiance en l'action politique et en son efficacité, il serait plus que nécessaire d'agir par et pour soi-même avec les moyens que l'on se choisit.

La jeunesse plébiscite de plus en plus l'action individuelle (qui n'est pas nécessairement une action isolée), plus efficace pour faire avancer certains enjeux. En d'autres termes, l'idée même de déléguer son pouvoir d'engagement ne fait plus l'unanimité dans la jeunesse. Nous assistons sans doute à une évolution du paradigme de l'engagement, qui vient consacrer l'idée d'un engagement « subjectivé », dans une génération dont la mémoire collective n'a pas été marquée par de grandes mobilisations syndicales comme celles de Mai 68, ni par des mouvements sociaux comme ceux de 1986 ou encore ceux de 2006 contre le Contrat première embauche proposé sous le quinquennat Chirac. En revanche, une fraction importante de cette jeunesse a retenu l'échec de la mobilisation de l'automne 2010 contre le projet de réforme des retraites du gouvernement Fillon.

Cette jeunesse semble avoir davantage été portée par des actes spontanés, citoyens, à la base peu organisés, comme les mouvements lycéens, étudiants ou sociaux,

9. Enquête IFOP pour les éditions Les Arènes, déjà citée.

comme Nuit debout ou, plus récemment, les Gilets jaunes. Aussi, un mouvement opère dans l'opinion de cette génération : l'individualisation de l'engagement, liée à la remise en question du principe démocratique. Qui mieux que moi pour assurer la défense de mes propres intérêts ? C'est notamment le cas sur certains sujets tels que les enjeux liés aux questions sociales. Dans ce domaine, l'action citoyenne est très largement considérée comme la plus légitime et la plus pertinente. Selon une étude menée par l'IFOP pour Temps commun en mars 2021[10], 41 % des jeunes Français âgés de 18 à 34 ans considèrent que le « social » est d'abord l'affaire des citoyens, bien avant celle des pouvoirs publics. Cet état de fait et cette tendance marquante nourrissent également l'idée de radicalité, ce qui va avoir des impacts majeurs dans la représentation des engagements.

Dans l'enquête IFOP Nouvelle Vague 2021[11], 58 % des jeunes interrogés considèrent qu'« il est normal dans certaines situations de se faire justice soi-même ». Cette acception révèle des clivages sociologiques importants. Nous observons une légère surreprésentation des jeunes issus de catégories populaires convaincus de cette idée. Si 62 % de ces jeunes fils d'ouvriers ou d'employés estiment qu'il est normal dans certaines situations de se faire justice soi-même, il y a 54 % de jeunes des catégories supérieures à être du même avis. Ce clivage socio-économique est décisif dans l'appréhension des « nouvelles » formes de « mouvements sociaux » et dans le niveau de proximité, voire

---

10. Enquête IFOP pour Temps commun, 1 000 personnes âgées de 18 à 34 ans interrogées en ligne du 15 au 20 janvier 2021, selon la méthode des quotas.
11. Enquête IFOP pour les éditions Les Arènes, déjà citée.

d'engagement, vis-à-vis de ces mouvements. À l'heure des silences « rompus » par des catégories habituellement dans l'ombre – celles que le mouvement des Gilets jaunes a su faire entendre puis que la crise sanitaire a su révéler – et de l'idée d'une France d'en bas en manque de reconnaissance, ces indicateurs sont très importants à suivre.

Mais plus encore, le clivage politique sur cette question est très net. Ce sont surtout les sympathisants des mouvements politiques les plus à droite et à gauche de l'échiquier politique qui sont surreprésentés : 61 % des sympathisants de La France insoumise et 68 % de ceux du Rassemblement national estiment qu'il est normal de se faire justice soi-même dans certains cas. À titre de comparaison, le bloc de gauche ne représente que 57 % (légèrement en dessous de la moyenne) et le bloc de droite 52 % (soit 6 points en dessous de la moyenne). Un engagement plus individuel, radical conduit-il nécessairement à une ode à la violence légitime ?

Affirmer que la jeunesse de France est plus radicale et plus violente serait sûrement incorrect. Il s'agit plutôt de présenter des tendances à l'œuvre, des opinions qui forgent les perceptions mais qui ne basculent pas nécessairement en passage à l'acte. D'ailleurs, toujours dans l'étude IFOP pour Temps commun, seuls 13 %[12] des jeunes affirment avoir déjà effectué des actes de désobéissances civiles et 8 % des actes de violence et de vandalisme. Mais force est de constater que les jeunes apparaissent moins imperméables à l'idée de violence inhérente à l'engagement. En effet, 52 %[13] des 18-30 ans sont d'accord pour dire

12. Enquête IFOP pour Temps commun, déjà citée.
13. Enquête IFOP pour les éditions Les Arènes, déjà citée.

que seule une certaine forme de violence peut permettre de faire bouger les choses aujourd'hui. Cette tendance ne doit pas être négligée au regard d'un contexte hexagonal caractérisé par une opinion publique épuisée par une succession de crises et percevant de moins en moins l'élection présidentielle comme un moment « reset » pour le pays.

Dans le détail des réponses, on note que la violence, comme outil nécessaire, voire légitime, au changement, ne présente pas les clivages socio-économiques attendus. En effet, cette idée fédère les jeunes de classes sociales très différentes. Parmi ceux qui considèrent appartenir aux plus privilégiés et aux plus aisés, 66 % et 67 % donnent raison à cette vision de la violence comme arme du changement. Ces résultats coïncident avec ceux des jeunes estimant appartenir aux catégories plus populaires, voire défavorisées, puisque 60 % et 61 % de ces derniers approuvent le recours à une forme de violence. On assiste là à un alignement des perceptions, et à un profond décalage avec les jeunes des « classes moyennes », qui sont quant à eux moins de la moitié à estimer légitime de recourir à la violence.

D'un point de vue politique, sans surprise, ce sont les sympathisants les plus à l'extrême du paysage politique qui apparaissent comme les plus convaincus et les plus prompts à justifier le recours à la violence. Effectivement, 65 % des sympathisants de La France insoumise et 62 % de ceux du Rassemblement national adoptent l'idée d'une violence légitime pour faire bouger les choses.

Question : Voici un certain nombre de propositions. Diriez-vous que vous êtes d'accord ou pas d'accord avec chacune d'entre elles... ?

	Février 2021 (%) **Total D'accord**
Les jeunes de ma génération ne croient pas en l'action politique	82
Le personnel politique n'est pas honnête	81
L'émergence d'un mouvement comme « les Gilets jaunes » peut se produire à court terme en France	77
L'émergence d'un mouvement comme « Mai 1968 » peut se produire à court terme en France	70
L'élection présidentielle de 2022 est une chance pour la France	66
Les candidats à la prochaine élection présidentielle vont accorder une place importante à la jeunesse dans leur programme	60
Les revendications politiques en France sont plus violentes aujourd'hui qu'elles ne l'étaient il y a cinquante ans	60
Il est normal dans certaines situations de se faire justice soi-même	58
Seule une certaine forme de violence peut permettre de faire bouger les choses aujourd'hui	52

Ces éléments conduisent aussi à analyser ces tendances au prisme d'une forme de mobilisation qui, dans ce contexte inédit de crise sanitaire, a su se révéler dans le pays : la désobéissance civile, une manière de s'opposer pacifiquement, non physique, que certains ont adoptée durant la crise sanitaire pour faire valoir leur opposition aux mesures contraignantes imposées par les pouvoirs publics. C'est le cas notamment des libraires, de certains restaurateurs refusant de fermer leurs portes, à l'époque où l'on doutait encore du caractère non essentiel de leur activité. Les débats autour du pass sanitaire en constituent une autre illustration. Cette forme d'action citoyenne est intéressante à analyser ici, car elle confirme la croyance en une action que l'on juge plus impactante et que l'on légitime, car elle porte en elle une très forte valeur morale.

Nous pourrions ici faire l'hypothèse que les générations les plus jeunes épousent davantage ces formes de mobilisation car celles-ci portent en germe l'ensemble des réponses aux carences, voire aux défaillances, qu'ils attribuent à l'action politique par exemple. En effet, la désobéissance civile est aussi l'expression d'une morale légitime que l'on s'estime en droit de défendre car elle n'est plus appliquée par d'autres. Nous retrouvons ici cette délégitimation de la démocratie représentative. De plus, l'intérêt général apparaît de plus en plus complexe à appréhender, notamment parce que les acteurs qui en sont les dépositaires légitimes, historiquement incarnés seulement par les pouvoirs publics, se réinventent (au profit de l'entreprise par exemple) et participent à cette prise de pouvoir directe du citoyen. La violence n'est donc pas uniquement perçue comme l'expression physique d'une opposition : ce n'est pas tant aux black blocs que se réfère cette jeunesse qu'à l'idée d'une légitimité à agir par soi-même face aux déficiences et dysfonctionnements des institutions actuelles. Ces formes de mobilisation seraient ainsi « inévitables », « légitimes » et « souhaitables », venant consacrer l'idée d'une nouvelle figure politique, celle de « l'egodémocrate » qu'Éric Thiers a formulée : « À la fois Antigone moderne qui refuse la loi de la Cité au nom de principes estimés supérieurs et Narcisse enivré de son propre courage, qui s'accomplit dans cette geste démocratique, en s'opposant à toute autorité au nom d'un individualisme qui se veut radical[14]. »

Sans aucun doute, le contexte national qui a précédé la crise sanitaire – d'abord marqué par des événements tragiques tels que les attentats de 2015 et 2016, puis par des mouvements sociaux de très grande ampleur tels que les Gilets jaunes ou les mobilisations contre la dernière réforme des retraites et par la victoire de personnages populistes, au premier rang desquels Donald Trump – a considérablement alimenté ces tendances. Ces faits constitueront très probablement une part de la mémoire collective de cette jeunesse de France. Plus que d'un comportement individuel qui viendrait consacrer l'usage légitime de la violence, c'est bien d'une représentation collective (en construction) de cette violence qu'il est question.

---

14. Éric Thiers, « La désobéissance civile : entre Antigone et Narcisse, l'egodémocratie », *Pouvoirs*, 2015/4, n° 155, p. 55-72.

UNE GÉNÉRATION DÉFIANTE ENVERS LE PERSONNEL POLITIQUE

Les doutes ouvertement exprimés par une fraction importante de la jeunesse sur le modèle démocratique se nourrissent et se renforcent de leur défiance à l'égard du personnel politique. Comparés à leurs aînés, les jeunes et notamment les primo-votants font part d'un degré d'exigence plus élevé à l'égard des responsables politiques, ce qui explique également une promptitude plus importante à les sanctionner. Quand on interroge les plus jeunes électeurs sur le profil idéal d'un bon politique, les dimensions de vérité et d'authenticité dominent. Le leader politique idéal pour diriger la France doit « dire clairement les choses même si ça ne plaît pas à tout le monde » et « rester fidèle au programme sur lequel il a été élu[1] ».

Au cours des dernières années, le non-respect par les responsables politiques, pour ne pas dire la trahison, de ces attentes relevant d'une éthique idéale a forcément suscité une déception profonde dans la jeunesse. Ce désenchantement a conduit les 18-30 ans à des attitudes de rejet du politique, de retrait du processus électoral mais

1. Baromètre CEVIPOF réalisé par Opinionway, 2044 personnes âgées de plus de 18 ans interrogées en ligne du 16 au 30 décembre 2016, selon la méthode des quotas.

également, on l'a vu, à de nouvelles formes d'engagement – plus individuelles que collectives – réinventant leur rapport au politique.

LE CORONAVIRUS COMME AMPLIFICATEUR DE LA DÉFIANCE

La défiance des jeunes à l'égard du politique est sans doute aussi ancienne que la politique elle-même. Elle a pris au cours des dernières années les formes les plus diverses : désinvestissement électoral à travers la montée de l'abstention[2], désaffiliation aux partis politiques, méfiance aiguë envers le personnel politique, voire attraction pour des systèmes politiques s'éloignant du modèle de la démocratie représentative. Sans surprise, à l'instar d'autres phénomènes et tendances dans l'opinion publique, la crise du coronavirus n'a fait que renforcer la distance de la jeunesse à l'égard du politique. Elle a même servi de catalyseur : cette pandémie a généré une crise protéiforme – sanitaire, socio-économique et démocratique – qui est venue « s'empiler » sur la succession de crises que les moins de 30 ans côtoient depuis toujours (chômage de masse, creusement perçu des inégalités, dérèglement climatique…) et contre lesquelles les mesures prises par le personnel politique n'ont pas montré leur efficacité.

La gestion du Covid-19 en tant que « crise des crises » a suscité une défiance majoritaire dans tous les

2. Phénomène dont il conviendra toutefois de relativiser la permanence s'agissant du scrutin présidentiel.

segments de la population. C'est ce qui apparaît dès la fin mars 2020 dans le suivi par l'IFOP de la confiance dans le gouvernement pour faire face efficacement au coronavirus, et qui n'a cessé de se renforcer au gré des aléas de la gestion jugée erratique de la crise par les pouvoirs publics. En avril 2021, au lendemain de l'annonce de l'extension des mesures de restrictions à toute la France, la confiance des Français s'établit à 35 %[3] avec un indice observé chez les 18-24 ans quasi identique (36 %) et à peine plus bas parmi les 25-34 ans (31 %).

La crise sanitaire a plus que jamais enraciné dans la jeunesse des perceptions négatives associées au personnel politique, et leur intensité s'est accrue avec l'échec du politique à résoudre cette crise. L'enquête Nouvelle Vague 2021 montre une défiance de deux ordres. D'abord, la logique du « tous pourris » constitue une grille de perception majeure de délégitimation des femmes et hommes politiques. Ainsi, 81 % des 18-30 ans interrogés considèrent que le personnel politique n'est pas honnête. Au-delà de ce chiffre écrasant faisant de cette opinion une représentation partagée par la quasi-totalité de la jeunesse[4], il est à noter que plus de 4 jeunes sur 10 se disent tout à fait d'accord. Bien sûr, ce motif de défiance n'est pas une spécificité de la jeune génération. La dernière livraison du baromètre de la confiance

3. Enquête IFOP pour *Le Journal du dimanche*, 1 021 personnes âgées de plus de 18 ans interrogées en ligne le 1er avril 2021, selon la méthode des quotas.
4. Seuls les sympathisants LREM expriment un peu moins ce jugement, mais à 66 % tout de même.

du CEVIPOF[5] montrait qu'à peine 37 % des Français considéraient les élus et les dirigeants politiques comme honnêtes.

Pour autant, le contenu associé à cette notion d'honnêteté diffère entre les jeunes et leurs aînés. Ces derniers, lorsqu'ils s'expriment dans le cadre d'enquêtes qualitatives, font part d'une vision extensive de ce concept. L'honnêteté correspond certes à la probité mais recouvre également le respect des promesses engagées ainsi qu'une certaine authenticité (que l'homme politique soit sincère et proche des préoccupations des Français). À l'inverse, les plus jeunes circonscrivent l'honnêteté à la seule probité et à l'exemplarité. On retrouve presque pour certains jeunes une logique de modèles inspirants à travers le souhait de trouver un personnel politique idéal dont l'honnêteté pourrait leur servir de modèle. C'est dire la déception, voire le sentiment de trahison susceptible d'être éprouvé par la jeunesse lorsque surviennent des affaires de corruption ou d'enrichissement touchant des hommes politiques.

Toutefois, la défiance des 18-30 ans ne se concentre pas uniquement sur le soupçon du manque d'honnêteté reproché au personnel politique. En effet, au « tous pourris » répond un « tous impuissants », c'est-à-dire une incapacité perçue des dirigeants à résoudre les problèmes du pays, à « solutionner » les effets des différentes crises. Ainsi, 82 % des jeunes interrogés répondent par l'affirmative à la phrase suivante : « Les jeunes de

5. Baromètre CEVIPOF réalisé par Opinionway, 2 105 personnes âgées de plus de 18 ans interrogées en ligne du 20 au 31 janvier 2021, selon la méthode des quotas.

ma génération ne croient pas en l'action politique. » Relevons également, comme pour l'indicateur relatif à l'honnêteté, une part de « tout à fait d'accord » très élevée (34 %) et l'absence totale de clivages parmi les 18-30 ans. À titre d'exemple, s'agissant de la proximité partisane, l'absence d'oscillations particulières des réponses entre les sympathisants de gauche (80 %), ceux d'En Marche ! ou de droite (84 % chacun) et les proches du RN (87 %) est particulièrement frappante.

Cette seconde dimension de la défiance n'est absolument pas anodine dans la mesure où elle s'inscrit en rupture avec le fondement de la confiance des Français en l'action politique : la capacité du politique à peser sur le cours des choses, à transformer le quotidien. Cette remise en cause du pouvoir performatif du politique n'est pas l'apanage de la jeunesse. Elle atteint également beaucoup de ses aînés, lesquels forgent cette « mauvaise » conviction à travers un récit bien particulier de la séquence politique de ces quinze dernières années, assimilée à une succession de quinquennats ratés, d'échecs à « changer la vie » au sens mitterrandien.

Les plus jeunes ne mobilisent pas les mêmes arguments mais s'avèrent tout aussi sensibles que la moyenne à cette incapacité du politique à peser sur le cours des choses que les crises récentes ont enracinées. Dans la hiérarchie des attentes adressées par les jeunes au personnel politique, celle de résultats et d'efficacité est tout aussi élevée que dans l'ensemble de la population. Ce ressenti entraînera, on le verra, des logiques bien particulières dans les facteurs explicatifs de l'abstention systémique des jeunes.

Plus largement, la force de ces deux représentations

– un personnel politique peu honnête et dont l'action n'est pas efficace – conduit logiquement à une forte indifférenciation du paysage politique dans la jeunesse. En atteste la combinaison de différents indicateurs. On observe en premier lieu une notoriété nettement plus faible du personnel politique. Dans le cadre du Tableau de bord politique de l'IFOP[6] mesurant chaque mois la popularité de 50 personnalités, la part des 18-30 ans déclarant ne pas connaître suffisamment ou n'exprimant pas d'opinion à l'encontre de ces personnalités est systématiquement plus importante que dans la population générale. À titre d'exemple, dans l'enquête de février 2021, le score de méconnaissance s'établit à 43 % *versus* 30 % pour l'ensemble des Français, soit un écart significatif de 13 points.

Par ailleurs, les jeunes tendent à minimiser l'importance de la gauche et de la droite comme déterminants structurant la vie politique. Deux tiers d'entre eux considèrent dans une enquête IFOP de 2019 que « les notions de droite et de gauche sont dépassées, ce n'est plus comme ça qu'on peut juger les prises de position ». De la même manière, une enquête réalisée quelques mois plus tard venait confirmer cet affadissement du caractère auparavant central de l'opposition gauche-droite : 61 % des moins de 35 ans jugeaient cette dernière dépassée.

Les perceptions des jeunes en termes de brouillage des repères traditionnels du paysage politique rejoignent ici largement celles de l'ensemble des Français et sont impactées par les effets du big bang électoral du dernier

---

6. Tableau de bord IFOP-Fiducial pour *Paris Match* et Sud Radio, 1 000 personnes interrogées chaque mois, selon la méthode des quotas.

scrutin présidentiel. Celui-ci est marqué à la fois par le « 42 avril » (ou double 21 avril, soit les représentants des deux partis historiques de gouvernement de la Ve République éliminés au soir du premier tour) et par l'élection d'un président se définissant comme et de gauche et de droite ; un candidat qui a imposé le « neutre » pour reprendre l'analyse du communicant Raphaël Llorca dans son essai *La Marque Macron*. Ce « neutre » qui a marginalisé la confrontation traditionnelle gauche-droite a infusé dans l'opinion et chez les jeunes. Tout juste peut-on noter un tropisme plus important chez les moins de 25 ans qui tendent à reconnaître davantage (43 % *versus* 36 % au global) que l'opposition gauche-droite a encore du sens, voire qu'elle continue à jouer un rôle déterminant.

Enfin, cette attitude de défiance à l'égard de la sphère politique, accélérée par la crise du coronavirus, conduit la jeunesse, dans sa majorité, à ne plus compter sur le personnel politique pour préparer son avenir. Quand, dans l'enquête Nouvelle Vague 2021, les 18-30 ans sont interrogés sur leur confiance dans différents acteurs pour améliorer leur avenir, la hiérarchie observée est spectaculaire. Les acteurs relevant du politique – gouvernement ou État, partis politiques – arrivent symboliquement en dernière position et pâtissent d'un degré de confiance de 40 à 50 points inférieurs à celui manifesté à l'égard d'acteurs relevant de la sphère individuelle (« votre famille », « vous-même ») ou de scientifiques.

Question : Parmi les acteurs suivants, diriez-vous que vous leur faites plutôt confiance ou plutôt pas confiance pour améliorer votre avenir (et celui des jeunes comme vous) ?

Ensemble Février 2021

	TOTAL Confiance	**Tout à fait confiance**	**Plutôt confiance**	**TOTAL Pas confiance**	**Plutôt pas confiance**	**Pas du tout confiance**	**TOTAL**
	(%)	(%)	(%)	**(%)**	(%)	(%)	(%)
Votre famille, vos proches	**86**	44	42	**14**	11	3	100
Vous-même	**85**	38	47	**15**	11	4	100
Les associations	**74**	18	56	**26**	19	7	100
Les scientifiques	**72**	19	53	**28**	21	7	100
Les jeunes en général	**69**	14	55	**31**	25	6	100
Les élus locaux (maires, conseils départementaux, conseils régionaux)	**60**	10	50	**40**	31	9	100
Les chefs d'entreprise	**56**	10	46	**44**	36	8	100
Les syndicats	**46**	7	39	**54**	36	18	100
Le gouvernement ou l'État	**35**	6	29	**65**	39	26	100
Les partis politiques	**28**	6	22	**72**	43	29	100

Ce résultat, quoiqu'attendu, n'est pas anodin et amène trois remarques. D'abord, le fait que les jeunes n'attendent pas frénétiquement que le personnel politique marque une rupture avec l'imaginaire français plaçant le politique au cœur de toute chose, y compris de la « fabrication » d'un avenir désirable. On pense ici aux «jours heureux» promis avant la fin du second conflit mondial par le Conseil national de la Résistance. Cette antienne, reprise en 2017 par le candidat Mélenchon concluant ses clips de la campagne officielle par «Allez, viennent les jours heureux et le goût du bonheur», puis par Emmanuel Macron dans son allocution du 13 avril 2020 annonçant le prochain déconfinement, ne rencontre plus qu'un écho très limité dans la jeunesse. Ensuite, le fait que les acteurs bénéficiant de la plus forte confiance pour préparer l'avenir relèvent de la sphère personnelle marque bien le déclin d'une posture délégataire des plus jeunes envers leurs représentants, minant l'attachement au modèle démocratique. Cela annonce en filigrane l'appétence des 18-30 ans pour de nouvelles formes d'engagement moins encadrées par le politique, plus individuelles et autonomes. Enfin, troisième remarque, l'accélération de la défiance liée à la crise sanitaire ne touche pas de manière homogène les acteurs concernés. Ainsi, les scientifiques conservent un degré de confiance très largement majoritaire pour améliorer l'avenir (72 %, soit 37 points de plus que les pouvoirs publics), et ce, quel que soit le segment de la jeunesse concerné. Tout se passe comme si l'épisode Covid-19, pourtant marqué par des controverses entre scientifiques et par l'irruption sur la scène politico-médiatique de médecins aux discours souvent perçus comme contradictoires, n'avait pas entamé ce crédit, la défiance se focalisant sur les responsables politiques.

Question : Parmi les catégories suivantes, quelles sont celles qui peuvent actuellement contribuer le plus au progrès de l'humanité, à votre avis ?

	Rappel *L'Express* 1968	**Rappel *L'Express* 1988**	**Rappel *L'Express* Mai 1999**	**Ensemble Février 2021**
	(%)	(%)	(%)	**(%)**
• Les scientifiques	72	67	46	**50**
• Les citoyens de tous pays	41	40	44	**44**
• Les enseignants et les éducateurs	56	40	43	**35**
• Les militaires	6	4	10	**10**
• Les politiques	40	22	13	**10**
• Les économistes	26	24	9	**9**
• Les artistes	14	15	22	**9**
• Les prêtres de différentes religions	16	4	6	**5**
• Ne se prononcent pas	5	5	-	**-**
TOTAL	(*)	(*)	(*)	**(*)**

(*) Le total est supérieur à 100 % en raison des réponses multiples.

Notons que la profondeur historique des enquêtes Nouvelle Vague permet d'affiner cette hypothèse. Entre 1968 et aujourd'hui, interrogés sur les personnes susceptibles de contribuer le plus au progrès de l'humanité, les jeunes placent en tête les scientifiques (50 %), loin devant les politiques (10 %). Toutefois, depuis 1968, le crédit accordé aux scientifiques a reculé de 22 points, soit une baisse équivalente à celle des enseignants et des éducateurs (56 % à 35 %). Pour autant, l'effondrement le plus important concerne le personnel politique (40 % de citations en 1968, 10 % en 2021). Un recul symptomatique du fait que la jeunesse actuelle entrevoit son avenir sans l'aide ou l'appui de ses représentants.

UNE JEUNESSE EN EXIL ÉLECTORAL

L'ABSTENTION, LE PREMIER PARTI DE LA JEUNESSE

Symptôme à la fois le plus visible et le plus spectaculaire de cette défiance, l'abstention apparaît comme le révélateur de la dépolitisation de la jeunesse. L'intense prise en charge par le personnel politique de la Jeunesse, à la fois comme thématique et clientèle éléctorale, ne conduit pas à un «retour sur investissement» probant, compte tenu du faible poids numérique des jeunes électeurs dans le corps électoral hexagonal. Cette situation est amplifiée par le phénomène de l'abstention. Scrutin après scrutin, les jeunes électeurs âgés de 18 à 24 ans, voire ceux de moins de 30 ans, constituent le segment générationnel qui tend le plus à s'abstenir. Le mur abstentionniste observé chez les jeunes aux dernières élections régionales (84% chez les moins de 25 ans, 82% parmi les moins de 35 ans) a d'ailleurs constitué la manifestation la plus spectaculaire de cet exil électoral de la jeunesse.

L'affaiblissement de la norme civique du vote touche de plein fouet la jeunesse, et ce, quelle que soit l'élection, y compris ce scrutin présidentiel au sein duquel la place de la jeunesse s'avère si particulière. Toutefois, dans la perspective de l'élection de 2022, l'inéluctabilité d'une non-participation massive des jeunes électeurs doit être questionnée. Cette situation n'est pas figée à jamais, d'autant plus que les signes d'une sur-abstention chez les jeunes n'étaient pas avérés lors des scrutins présidentiels passés.

Ainsi, à l'élection présidentielle de 1981, on n'observe pas une abstention beaucoup plus importante chez les jeunes électeurs comparés à l'ensemble des votants. En 1995, on observe même une abstention déclarée chez les 18-24 ans, moins forte que la moyenne.

Abstention comparée 18-24 ans *versus* ensemble des électeurs au premier tour de l'élection présidentielle

	1981	1995	2002	2007	2017
	(%)	(%)	(%)	(%)	(%)
• Jeunes	22	20,9	37	17	32
• Ensemble des électeurs	18,9	21,6	28,4	16,3	22,2

Source : Sondage post-électoral SOFRES (1981, 1995) et IFOP (2007) ; Sondage Sortie des urnes IPSOS (2002) ; Jour du vote IFOP (2017).

L'élection présidentielle de 2002 apparaît comme la première rupture. Malgré la présence de 16 candidats au premier tour – record de candidatures sous la Ve République –, l'abstention atteint le chiffre de 28,4 % et touche un gros tiers des électeurs de moins de 25 ans (37 %[1]). Mais d'une part, la plus faible participation des jeunes s'inscrit dans un mouvement de déception de l'opinion dans son ensemble vis-à-vis de cette campagne. Durant cette période est monté *crescendo* un sentiment d'épuisement des électeurs après cinq années de cohabitation dont la classe politico-médiatique annonçait l'issue

1. Sondage Jour du vote IPSOS-Vizzavi pour *Le Figaro*, Europe 1 et France 2, 4 044 électeurs interrogés le 21 avril 2002.

à travers le second tour certain Chirac-Jospin. D'autre part, l'abstention plus importante des jeunes électeurs n'a aucunement signifié leur désinvestissement de la chose publique ou leur dépolitisation définitive. En effet, une fois le « coup de tonnerre » du 21 avril passé, ce sont les jeunes électeurs qui se sont les premiers mobilisés pour faire barrage à Jean-Marie Le Pen et qui ont davantage participé que leurs aînés aux manifestations d'entre-deux-tours, notamment celle du 1er mai 2002. L'appel à voter au second tour contre le président du FN s'avère central dans ces mobilisations et conduit d'ailleurs la participation électorale des 18-24 ans à bondir au point de tangenter au second tour les 80 %.

La vision de la présidentielle de 2002 comme un simple accident de l'histoire pour ce qui concerne le vote de la jeune génération se voit d'ailleurs renforcée par le scrutin de 2007. En effet, cette élection présidentielle a constitué une forme d'apogée de la participation électorale. Venant solder le second mandat de Jacques Chirac, portée par des primo-candidats incarnant à gauche, à droite voire au centre[2] le renouvellement, cette élection a conduit à une participation parmi les plus élevées (83,7 %) et de 10 points supérieure au plancher de 2002. Dans ce cadre, l'abstention observée chez les jeunes électeurs ne se différencie que marginalement de celle observée sur l'ensemble de l'électorat.

Forte participation électorale après une campagne stimulée par des offres programmatiques très distinctes et « drainage » de plus de 75 % des voix vers Nicolas Sarkozy,

---

2. François Bayrou, à la différence de Ségolène Royal et Nicolas Sarkozy, avait déjà été candidat en 2002.

Ségolène Royal ou François Bayrou[3] : ces caractéristiques ne se reproduiront plus au cours des scrutins suivants. Et d'abord parce que les trois candidats de 2007 qui avaient suscité beaucoup d'espoirs lors de la campagne électorale vont chacun dans leur rôle et fonction provoquer de fortes déceptions dans l'opinion. S'ouvre ainsi après l'élection de Nicolas Sarkozy un cycle abstentionniste touchant tous les scrutins et qui aujourd'hui ne s'est toujours pas refermé.

En 2012, la non-participation au premier tour de l'élection présidentielle progresse et concerne près de 30 % des moins de 25 ans. Ce mouvement sera confirmé au scrutin de 2017 : l'abstention touche numériquement plus de 12 millions de Français, soit davantage que chacun des 4 candidats arrivés en tête[4]. Dans ce cadre, quasi un tiers des jeunes électeurs ne va pas voter.

Abstention comparée 18-24 ans *versus* Ensemble des électeurs aux scrutins après l'élection présidentielle

	Législatives 2017	Européennes 2019	Municipales 2020	Régionales 2021
	(%)	(%)	(%)	(%)
• Jeunes	73	73	70	84
• Ensemble des électeurs	51,3	50	55,3	66,7
• 65 ans et plus	31	33	50	53

Ce court récit vient donc fortement nuancer l'idée d'une sur-abstention spécifique « automatique » chez les

3. En 2002, l'addition des voix Jacques Chirac, Jean-Marie Le Pen et Lionel Jospin n'avait pas dépassé 53 %.
4. En comparaison, Emmanuel Macron recueille 8,6 millions de voix, Marine Le Pen 7,6 millions, François Fillon 7,2 millions et Jean-Luc Mélenchon 7 millions.

jeunes électeurs lors d'une présidentielle ; la jeunesse serait plutôt une sorte de victime collatérale d'une abstention désormais de masse. En effet, après le dernier scrutin présidentiel, l'abstention atteint pour la première fois sous la Ve République un niveau majoritaire aux quatre élections suivantes. Ce phénomène complètement inédit en France a sans surprise touché par ricochet les jeunes : l'écart entre la participation des plus jeunes électeurs et celle des personnes âgées de plus de 65 ans – segment participant le plus aux élections – est passé de 12 à 15 points lors des élections présidentielles de 2012 et 2017 à 40 points lors des élections européennes de 2019.

LE VOTE À L'ÉLECTION PRÉSIDENTIELLE COMME ACTE VAIN

Si l'on n'observe que de faibles traces au cours des élections présidentielles passées d'une sur-abstention monopolisée par les plus jeunes électeurs, se font jour en revanche des freins au vote spécifiques dans la jeunesse. Les différentes enquêtes menées par l'IFOP pour l'ANACEJ[5] au cours des dix dernières années révèlent la montée en puissance chez les jeunes électeurs d'un récent facteur explicatif de leur comportement abstentionniste. Celui-ci procède d'une logique de vanité du vote : voter serait vain ou inutile dans la mesure où l'élection considérée ne changerait rien pour la société comme pour la

5. L'Association nationale des conseils d'enfants et de jeunes, réseau national d'acteurs et d'élus, créé en 1991, cherchant à favoriser la participation électorale et l'engagement des jeunes dans la vie locale.

situation personnelle de l'électeur. Ce frein à la participation électorale apparaît depuis 2017 comme le premier facteur d'abstention chez les moins de 25 ans, quelle que soit l'élection, et s'avère plus intensément exprimé auprès de ce segment que dans toutes les autres catégories de population. Ce vote devenu vain est ainsi mis en exergue par près d'une majorité de jeunes abstentionnistes à l'élection présidentielle de 2017, par 43 % d'entre eux au scrutin européen de mai 2019 et par 37 % s'agissant du premier tour des municipales. Lors du scrutin régional, cette logique « à quoi boniste » a concerné près de 40 % des jeunes.

De plus, cet obstacle déclaré à la participation électorale dépasse nettement des motifs plus traditionnels liés au désintérêt ou à un déficit d'information lié au scrutin. Cette inutilité intrinsèque du vote est en outre davantage citée que des facteurs historiquement invoqués pour justifier un non-vote, à savoir l'inadéquation de l'offre électorale (« aucune liste ou candidat ne défend ou représente mes idées ») ou la protestation à l'égard du pouvoir ou du système (« manifester son mécontentement à l'égard de l'action du président de la République et du gouvernement ou des partis politiques »).

Question : Quelle est la raison principale pour laquelle vous pourriez ne pas voter ?

Base : aux personnes pouvant s'abstenir lors des différentes élections	**Ensemble des 18-25 ans Présidentielle Mars 2017**	**Ensemble des 18-25 ans Européennes Avril 2019**	**Ensemble des 18-25 ans Municipales Février 2020**	**Régio-nales Juin 2021**
	(%)	(%)	(%)	(%)
• TOTAL Vote vain ou inutile	**49**	**43**	**37**	**39**
• Parce que ces élections ne changeront rien à votre situation	24	20	22	19
• Parce que ces élections ne changeront rien dans la société	25	23	15	20
• Parce que vous êtes en week-end, en congé ou en déplacement	22	22	**26**	**22**
• Parce que aucune liste ne défend ou représente vos idées	29	15	**19**	**15**
• Parce que vous ne connaissez pas les candidats et les listes qui se présentent	9	20	**18**	**28**
• Pour manifester votre mécontentement à l'égard de l'action du président de la République et du gouvernement	19	12	**12**	**8**

Base : aux personnes pouvant s'abstenir lors des différentes élections	**Ensemble des 18-25 ans Présidentielle Mars 2017**	**Ensemble des 18-25 ans Européennes Avril 2019**	**Ensemble des 18-25 ans Municipales Février 2020**	**Régio-nales Juin 2021**
	(%)	(%)	(%)	(%)
• Pour manifester votre mécontentement à l'égard des partis politiques	23	15	**11**	**10**
• Parce que les maires/les conseils régionaux n'ont pas le pouvoir de changer les choses	-	-	**10**	**8**
• Pour manifester votre mécontentement à l'égard de l'action de votre municipalité/ de votre conseil régional	-	8	**7**	**5**
• Parce que la gestion de votre ville/région ne vous intéresse pas	-	5	**6**	**4**
• Parce que vous ne connaissez pas les compétences d'une mairie/d'une région	-	-	**5**	**12**
• Parce que vous ne votez jamais	5	2	**4**	**5**
• Pour une autre raison	16	16	**23**	**22**
• Aucune autre raison	16	16	**19**	**18**
TOTAL	(*)	(*)	**(*)**	**(*)**

(*) Total supérieur à 100, les interviewés ayant pu donner jusqu'à deux réponses.

Source : IFOP/ANACEJ.

Cette récente hiérarchie des motifs de l'abstention dans la jeunesse ne peut qu'interpeller dans la mesure où elle a pour effet de fragiliser la légitimité de l'acte de vote. Que des jeunes s'abstiennent parce que voter leur semble inutile heurte directement ce qui est au cœur de l'imaginaire politique français, à savoir le pouvoir presque magique concédé par les électeurs à leurs représentants. Et ce pouvoir octroyé par le vote recèle une dimension performative : la transformation du quotidien des Français par les élus, et *a fortiori* par le premier d'entre eux, la capacité à peser sur le cours des choses, à contrôler les contraintes extérieures (la mondialisation, les contingences macroéconomiques, les contraintes européennes…).

Ce pouvoir prêté au politique, que François Mitterrand avait astucieusement résumé à travers le titre du programme de gouvernement du PS « Changer la vie[6] », se voit ainsi battu en brèche par les jeunes abstentionnistes. Dans le détail, le doute le plus fortement exprimé quant à l'utilité du vote émane des électeurs âgés de moins de 20 ans (56 %), de ceux en recherche d'emploi (63 %) ou titulaires d'un diplôme inférieur au baccalauréat. On remarque en revanche l'absence d'un clivage politique marqué. La fracture sociale intervient bien davantage. En effet, les enfants d'ouvriers sont près de trois quarts à s'inscrire dans cette logique de vanité du vote contre seulement un tiers des enfants de cadres supérieurs ou de professions libérales.

---

6. Ce programme datait de 1972, mais « Changer la vie » fut également utilisé comme hymne du PS, interprété pour la première fois lors du congrès de Nantes en 1977, sur des paroles d'Herbert Pagani.

Relevons à cet égard une différence d'intensité du sentiment d'inutilité du vote en fonction de l'élection. Cette inutilité est en effet moins exprimée par les abstentionnistes au moment du scrutin municipal. Sans doute la croyance en la capacité du politique à changer le quotidien des électeurs est-elle plus aisément démontrable s'agissant des élus municipaux, dont l'action transformatrice et concrète menée au plus près de la vie des habitants est la plus visible et la plus reconnue par les électeurs. À l'inverse, c'est l'élection présidentielle – matrice de la Ve République – qui est aujourd'hui susceptible d'apparaître comme la plus inutile pour une partie non négligeable de la jeunesse, du moins comme le scrutin dont l'issue pèsera le plus marginalement sur la vie de ces jeunes.

La justification objective de cette perception tire également sa source d'une sorte de récit de l'histoire politique récente, partagé par de nombreux jeunes électeurs, caractérisé par une relecture très négative des deux derniers quinquennats écoulés. Ainsi, auprès des 18-30 ans s'exprimant dans le cadre de nos enquêtes qualitatives[7], le mandat de Nicolas Sarkozy est perçu sous l'angle de la trahison de ses promesses, au premier rang desquelles le « travailler plus pour gagner plus », tandis que celui de François Hollande est appréhendé à travers le prisme de l'inaction et de l'indécision.

Ces quinquennats ressentis comme « inutiles » ont donc alimenté dans une partie de la jeunesse un désenchantement à l'égard du politique et par là ont renforcé la logique

---

7. Notamment le volet qualitatif des indices de popularité IFOP – *Journal du dimanche* réalisés mensuellement depuis 1958 auprès d'un échantillon de 2 000 personnes.

de vanité désormais attachée à l'élection présidentielle. D'ailleurs, le regard sur cette histoire politique écoulée est d'autant plus sévère que les Français les plus jeunes accordent une place particulière, dans la hiérarchie de leurs attentes vis-à-vis du personnel politique, aux notions d'efficacité et de résultats.

C'est précisément une crise du résultat qui a affecté, aux yeux des jeunes électeurs, les mandats de Nicolas Sarkozy et de François Hollande et par là a constitué la cause principale de leur non-réélection. Notons que cette focalisation sur l'action et l'attente de résultats est ancienne : l'enquête de la SOFRES menée en 1981 après l'élection présidentielle avait en effet révélé que les électeurs de moins de 25 ans étaient tendanciellement les plus nombreux à expliquer la défaite de Valéry Giscard d'Estaing par son absence de résultats sur le plan économique (« Il n'a pas su lutter efficacement contre le chômage » : 49 % *versus* 44 % en moyenne) et de propositions nouvelles (« Il n'a pas fait assez de propositions nouvelles au cours de la campagne » : 31 % *versus* 25 % en moyenne[8]).

Cette crise du résultat affectant chez les jeunes le désir de vote, et qui ne fait parfois plus de ce dernier qu'un vague acte citoyen, a été renforcée par l'épisode Covid-19. La crise sanitaire a sans doute amplifié la représentation d'un pouvoir inefficace, quand bien même cette crise hors norme a consacré une forme de « retour du politique ».

---

8. Les autres motifs relevant d'un registre plus politicien avaient été moins fortement cités par les jeunes électeurs : 28 % pour le refus d'un deuxième mandat car cela aurait constitué une durée trop longue au pouvoir, 23 % pour le fait que Jacques Chirac avait tout mis en œuvre pour battre VGE et 13 % pour le style monarchique de ce dernier ou ses relations avec Bokassa.

C'est le politique qui intervient de manière quasi quotidienne dans la vie des Français, y compris dans leur vie sociale, le politique vers lequel ces derniers cherchent protection et solutions, le politique qui décide du temps des confinements…

Pour autant, les baromètres de popularité de l'exécutif ont montré la sévérité du jugement des Français dans leur ensemble à l'égard de l'action des pouvoirs publics dans la gestion de crise. Ce sentiment, qui n'est pas seulement exprimé par la jeunesse, alimente l'idée d'un pouvoir politique de façade. Les multiples sujets de polémiques depuis dix-huit mois – que ce soit les masques, les retards concernant la stratégie vaccinale – constituent autant d'éléments conjoncturels qui amplifient ces tendances. La vanité du vote s'installe dans l'opinion de la jeunesse et consacre l'idée que le devenir et l'amélioration de la société ne procéderont pas du pouvoir politique. C'est un changement de paradigme qui s'opère ici : le politique ne sera pas la source du changement.

LE RISQUE D'UNE ABSTENTION RECORD EN 2022 ?

La représentation préoccupante du vote en termes d'inutilité laisse présager une abstention massive des jeunes électeurs en 2022 dans le droit-fil de tous les scrutins du quinquennat d'Emmanuel Macron. Les effets de la crise économique liés à la crise du Covid, notamment la paupérisation d'une partie de la jeunesse étudiante ou en recherche d'insertion vers son premier emploi, ne vont-ils pas pousser les jeunes vers une posture d'exit à un degré jamais atteint, lors de l'élection présidentielle à venir ?

Les résultats observés sur l'indicateur de participation extrait de l'enquête Nouvelle Vague 2021 apportent quelques éléments de réponse qu'il convient d'interpréter avec prudence. En effet, cet indicateur constitue, un an avant le scrutin, un point zéro « à froid » qui ne prend pas en compte l'offre électorale, à savoir la liste des candidats en présence, ou les dynamiques de la campagne, sans négliger l'impact du scrutin régional, dernier rendez-vous électoral avant 2022. Pour autant, il semblerait que la vague abstentionniste ne soit pas en mesure d'être enrayée dans la jeunesse. L'indicateur de participation s'établit à 41 % parmi les moins de 30 ans (40 % parmi les moins de 25 ans), soit un résultat particulièrement faible qui semble officialiser l'exil électoral de la jeunesse, déjà à l'œuvre lors des scrutins intermédiaires de ce quinquennat.

Le fait qu'aujourd'hui près de 6 jeunes sur 10 âgés de 18 à 24 ans n'envisagent pas d'aller voter à l'élection majeure de la Ve République doit être comparé au scrutin précédent, au cours duquel l'abstentionnisme chez les moins de 25 ans avait atteint 32 %, soit 28 points de moins qu'aujourd'hui. Comparaison plus probante encore, car à la temporalité symétrique avec notre enquête, l'étude IFOP/ANACEJ réalisée à un an de la présidentielle de 2017[9] révélait un indicateur de participation chez les 18-25 ans de 48 %, soit 8 points de plus que la mesure actuelle. Cet écart somme toute élevé révèle à la fois l'accentuation du phénomène abstentionniste dans la jeunesse – déjà présent en 2017 avec ce non-vote record des primo-votants – et

9. IFOP pour ANACEJ, 1 202 personnes, échantillon représentatif de la population française âgée de 18 à 25 ans, interrogées en ligne du 12 au 21 avril 2016, selon la méthode des quotas.

sa durabilité. Il convient également de relever son mimétisme avec l'abstention connue dans l'ensemble de la population, touchée, mais avec une moindre intensité, par ce phénomène de retrait du processus électoral.

Dans le détail, cette faible intention de participation à un an de l'élection de 2022 touche tous les segments sociodémographiques de la jeunesse. Elle oscille assez marginalement quelle que soit la catégorie avec des pics significatifs constatés parmi les segments traditionnellement les plus abstentionnistes, que ce soit les jeunes ouvriers (67 %), les chômeurs (66 %) ou les catégories s'autodéfinissant comme défavorisées (65 %). Politiquement, il convient de constater que l'envie la plus intense de voter à la prochaine élection émane des sympathisants frontistes (62 % de participation *versus* 42 % à gauche ou 47 % à droite). Ce net différentiel de mobilisation de la jeunesse au profit de Marine Le Pen apparaît en rupture avec la séquence des dernières élections régionales. Pour autant, en dépit de ces premières données, la prudence doit s'imposer. Les inconnues sur la question de la participation sont moins importantes que les certitudes. Assisterons-nous à une abstention dans la jeunesse alignée sur la moyenne du corps électoral ou sera-t-on en présence, comme en 2017 et aux scrutins suivants, d'une sur-abstention des 18-30 ans ?

Enfin, l'hypothèse d'un sursaut de participation ne doit pas être automatiquement écartée. L'enquête Nouvelle Vague nous apprend à quel point l'élection présidentielle conserve sa centralité et son importance dans l'imaginaire des Français, jeunes compris. Deux tiers des moins de 30 ans considèrent en effet que l'élection présidentielle de 2022 est une chance pour la France, ne serait-ce que parce qu'ils anticipent que « les candidats vont accorder une place importante à la jeunesse dans leur programme » (60 % d'adhésion). En ce sens, malgré la défiance et en dépit de la prégnance de ce cycle abstentionniste, la magie présidentielle pourrait opérer et pousser les jeunes à sortir de leur exil électoral.

Cette hypothèse, apparemment osée, pourrait en outre prendre corps dans le contexte d'un véritable surinvestissement des politiques envers les jeunes, à l'œuvre dans cette pré-campagne présidentielle. Tout cela pourrait-il enfin se traduire par un retour de la jeunesse aux urnes ? Peut-être si la campagne électorale se focalise moins sur le bilan de la crise sanitaire que sur une projection d'avenir, celle de la France de demain.

UNE JEUNESSE QUI FAIT BANDE À PART SUR LES ENJEUX DE SOCIÉTÉ

Les questions sociétales constituent sans nul doute le terrain sur lequel aujourd'hui la jeunesse française s'avère le plus en rupture avec le reste de la population. Une enquête menée par l'IFOP pour l'hebdomadaire *Marianne*[1], moins d'un mois après l'assassinat de Samuel Paty, a mis en lumière des décalages de perception béants pour ne pas dire un fossé. En effet, sur la plupart des sujets sociétaux essentiels, qu'il s'agisse de la lutte contre les discriminations, du ressenti des inégalités (notamment celles entre les femmes et les hommes) ou de la perception du fait religieux comme du principe de laïcité, les attitudes et les opinions de la génération 18-30 ans apparaissent presque systématiquement dissonantes avec celles des autres générations.

Cette jeune génération qui avait entre 13 et 25 ans au moment des attentats de janvier et novembre 2015 – perçus d'ailleurs par une majorité d'entre eux comme un événement fondateur au même titre que la crise du coronavirus – exprime une vision à la fois très spécifique

1. Enquête IFOP pour *Marianne*, 1 006 personnes âgées de 18 à 30 ans interrogées en ligne du 13 au 18 novembre 2020, selon la méthode des quotas.

et antagoniste de ces enjeux avec ses aînés. Il ne s'agit pas en l'espèce d'un regard sur la société qui s'énonce en opposition avec les autres Français dans une logique d'affrontement. La logique à l'œuvre en 1968, d'une jeunesse s'affirmant contre le général de Gaulle, auparavant vénéré comme le héros du 18 juin 1940 et qui devient le symbole de cette société bloquée que l'on veut « chambouler », n'est plus de mise. Au contraire, l'actuelle génération des 18-30 ans semble, pour reprendre l'expression de la journaliste de *Marianne*, Soazig Quéméner, faire « bande à part » et construit dans son coin son idéal de société.

Question : Diriez-vous qu'aujourd'hui en France la situation est satisfaisante ou pas satisfaisante en ce qui concerne les sujets suivants ?

Ensemble des jeunes de 18-30 ans

	TOTAL Satisfaisante	**Tout à fait satisfaisante**	**Plutôt satisfaisante**
	(%)	(%)	(%)
L'égalité entre les femmes et les hommes	**46**	11	35
La lutte contre les actes antisémites	**44**	10	34
La lutte contre les discriminations ethniques dans l'accès à l'emploi, au logement.	**39**	10	29
La lutte contre le racisme en général	**39**	10	29
La lutte contre les actes antimusulmans	**38**	10	28
La lutte contre le terrorisme	**36**	9	27
La lutte contre les inégalités sociales	**32**	8	24
La lutte contre la délinquance	**26**	6	20

TOTAL Pas satisfaisante	Plutôt pas satisfaisante	Pas du tout satisfaisante	TOTAL
(%)	(%)	(%)	(%)
54	36	18	100
56	36	20	100
61	40	21	100
61	38	23	100
62	35	27	100
64	32	32	100
68	39	29	100
74	40	34	100

LE POINT DE DÉPART : DES INDIGNÉS PERMANENTS

Enquête après enquête, le même constat s'impose : les 18-30 ans sont autant d'individus profondément insatisfaits du fonctionnement de la société[2]. Dans ce cadre, ce sont les inégalités et les discriminations qui constituent la principale voire l'unique grille d'évaluation de la société. L'enquête IFOP/*Marianne* Fractures sociétales[3] révèle en effet une sensibilité extrême aux discriminations de toute sorte. Invités à juger de la situation prévalant en France sur toute une série de sujets sociétaux, les jeunes livrent une vision d'une grande noirceur.

Quel que soit le thème retenu, de la lutte contre le racisme à celle contre les discriminations ethniques dans l'accès à l'emploi ou au logement, en passant par la lutte contre les actes antimusulmans ou celle contre les inégalités sociales, les 18-30 ans ressentent une situation hexagonale systématiquement et majoritairement insatisfaisante. Seules l'égalité entre les femmes et les hommes ainsi que la lutte contre les actes antisémites suscitent un mécontentement moindre avec des scores de satisfaction partagés par plus de 4 jeunes sur 10. Mais ceux-ci restent minoritaires.

Tout se passe comme si ce ressenti de discriminations massives dans la société venait miner l'idéal de cette jeunesse fondé sur l'égalité, que beaucoup placent au-dessus de la liberté. Ainsi, l'enquête Nouvelle Vague a montré un fort attachement des 18-30 ans à l'égalité. Cette

2. Notons qu'à la différence de générations passées, cette insatisfaction profonde ne va cependant pas jusqu'à souhaiter un changement radical de société (cf. partie sur la radicalité).
3. Enquête IFOP pour *Marianne*, déjà citée.

partie du triptyque républicain recèle en effet une charge positive quasi équivalente au terme liberté (84 % contre 86 %). En termes d'intensité, les résultats sont tout aussi probants, les scores observés sur le « très positif » nous le montrent : 45 % pour l'égalité *versus* 50 % pour la liberté.

Plus frappant encore, lorsque, dans une enquête menée en octobre 2020[4], les jeunes sont invités à désigner leur terme préféré de la devise républicaine, ils se distinguent nettement de leurs aînés en choisissant l'égalité plutôt que la liberté (44 % contre 37 %, *versus* 41 % en faveur de la liberté contre 39 % en faveur de l'égalité dans l'ensemble de la population). Cette forte sensibilité aux inégalités et à la lutte contre les discriminations conduit une partie d'entre eux à s'indigner promptement, dès lors que leur idéal égalitaire leur semble mis à mal. Ainsi que l'indique le philosophe Pierre-Henri Tavoillot, « à cet âge-là, pour exister, il faut être indigné ».

LE GENRE COMME NOUVEAU CLIVAGE

Cette capacité à s'indigner trouve un débouché particulier avec la question du genre. Certes, on a vu que la situation ressentie en matière d'inégalités entre les femmes et les hommes suscitait des jugements moins sévères. Pour autant, le décalage entre les perceptions des jeunes femmes et celles des jeunes hommes est béant : 67 % des premières en viennent à considérer que

4. Baromètre IFOP pour *L'Opinion* et la Fondation Concorde sur le libéralisme, 1 032 personnes âgées de plus de 18 ans interrogées en ligne du 13 au 14 octobre 2020, selon la méthode des quotas.

la situation n'est pas satisfaisante du point de vue de l'égalité entre les sexes contre 42 % des hommes.

Cet écart vient pleinement confirmer l'émergence depuis quelques années, dans le sillage de #MeToo, dans la plupart des sondages, même portant sur les sujets les plus anodins ou éloignés de la question du genre, d'un clivage de perception de plus en plus prononcé entre les femmes et les hommes. S'agissant de cette question présentée en tête de l'enquête IFOP/*Marianne* sur l'état de la société, les femmes apparaissent plus engagées, voire plus militantes. Elles constituent la catégorie la plus sévère sur la situation de la société et portent le flambeau de cette indignation générationnelle. Les jeunes femmes s'avèrent ainsi nettement plus nombreuses que les jeunes hommes à déplorer la situation en matière de lutte contre le racisme (21 points de plus), de lutte contre les actes antimusulmans (20 points) ou contre les discriminations ethniques (18 points).

Question : Diriez-vous que vous êtes d'accord ou pas d'accord avec chacune des phrases suivantes ?

Ensemble des jeunes de 18-30 ans

	TOTAL D'accord	Tout à fait d'accord	Plutôt d'accord	TOTAL Pas d'accord	Plutôt pas d'accord	Pas du tout d'accord	TOTAL
	(%)	(%)	(%)	(%)	(%)	(%)	(%)
Il est plus facile d'être un homme qu'une femme dans la société française actuelle	**72**	33	39	**28**	19	9	100
Avec la crise du coronavirus, les jeunes générations ont été sacrifiées au profit des Français plus âgés.	**53**	21	32	**47**	34	13	100
Je comprends les femmes qui déclarent détester les hommes	**46**	14	32	**54**	32	22	100
D'une manière générale, la société française privilégie les personnes âgées de plus de 50 ans.	**33**	9	24	**67**	50	17	100
Je ne me reconnais pas dans les deux catégories de genre hommes/femmes.	**22**	7	15	**78**	20	58	100

Au cœur de ce tropisme féminin au sein de la jeunesse réside une croyance très fortement ancrée : pour plus des trois quarts des femmes âgées de 18 à 30 ans, il est plus facile d'être un homme qu'une femme dans la société française actuelle. Cette vision somme toute pessimiste, ou qui semble pour le moins effacer le travail de tous ceux et celles qui se sont battus depuis la fin des années 1960 pour faire avancer la cause des femmes, est partagée par 68 % des hommes. De la même manière, la notion de plafond de verre empêchant les femmes d'occuper des postes à hautes responsabilités est perçue comme une réalité par une nette majorité des jeunes.

Mais cette jeune génération indignée va encore plus loin sur cette question du genre puisque presque 1 jeune sur 2, tous sexes confondus, déclare « comprendre les femmes qui détestent les hommes », en référence à la polémique créée en septembre 2020 par l'élue écologiste parisienne Alice Coffin[5]. On voit là le raisonnement opéré par une part quasi majoritaire de la jeunesse : parce que ces jeunes femmes, ces jeunes hommes ont le sentiment d'évoluer dans une société structurellement favorable aux hommes, ils en viennent à justifier des discours de détestation de la gent masculine. Dans ce cadre, la figure patriarcale émerge comme repoussoir absolu. Pour près de 6 jeunes sur 10 (59 %, voire 65 % chez les femmes), le patriarcat, c'est-à-dire le fait que la société est hiérarchisée et que les hommes y détiennent plus de pouvoir, correspond à une réalité.

Parallèlement, le féminisme demeure une notion à laquelle les moins de 30 ans croient et qu'ils parviennent à investir. Ainsi, 73 % des jeunes interrogés considèrent que le féminisme évoque quelque chose de positif pour eux. D'ailleurs dans l'enquête Nouvelle Vague 2021, aucun autre mot en « isme » ne recèle une connotation aussi positive. Tout juste peut-on s'interroger sur la mutation du

5. Cette élue, dans son livre *Le Génie lesbien*, avait appelé à « éliminer les hommes de nos esprits, de nos images et de nos représentations ».

contenu de ce concept : n'est-on pas passé d'un féminisme de libération et de conquête à un féminisme de confrontation avec une guerre des sexes, malgré tout peu visible concrètement mais qui tend à devenir une grille de lecture de la société par une partie de la jeunesse ? Au-delà de cette sensibilité très forte aux inégalités femmes-hommes, la représentation globale d'une société fondamentalement injuste et en proie aux discriminations que perçoit la jeunesse nous interroge.

Doit-on pour autant conclure à l'émergence en France d'« une génération *snow flakes* », c'est-à-dire flocons de neige ? Ce terme, inventé par l'essayiste Chuck Palahniuk, rendu célèbre par son roman *Fight Club*, caractérise aux États-Unis la génération des *Millenials*. Une image qui résonne tout autant pour comprendre l'état d'esprit de nos 18-30 ans français. Palahniuk définit la génération « flocons de neige » par sa fragilité émotionnelle, sa susceptibilité et sa propension à s'offenser d'un rien. Il est à cet égard surpris, à travers les récits de ses amis enseignants, par l'aptitude de certains étudiants des universités américaines à se vexer, plus précisément par leur incapacité à « encaisser » des opinions contraires aux leurs.

La promptitude d'une partie importante de la jeunesse française à exprimer son indignation face aux inégalités et aux discriminations s'inscrit pleinement dans cette vision des *snow flakes* américains. Mais le parallèle s'arrête là. En effet, Palahniuk met également en exergue, comme élément de caractérisation des *snow flakes*, la faible résilience de ces étudiants américains. Un constat que différentes enquêtes d'opinion menées en France, dont la Nouvelle Vague 2021, contestent très largement s'agissant de nos 18-30 ans : ceux-ci montrent au contraire une capacité à surmonter des crises protéiformes, et ce, malgré la violence de la dernière crise en date, celle du coronavirus avec son lot d'impacts sur leurs vies.

UNE JEUNESSE PERMÉABLE AU «WOKISME»?

Plus largement, son extrême sensibilité aux discriminations en France, qui conduit à la représentation d'un ordre social injuste, rend la jeunesse très perméable à une vision du monde directement importée des États-Unis, le «wokisme». Les principes de ce courant idéologique reposent sur un état d'éveil face à l'injustice ou à l'oppression qui pèserait de manière systémique sur les minorités. Et dans ce cadre, les deux piliers du wokisme – défense des identités et rejet des injustices – s'auto-entretiennent et vont de pair avec une «*cancel culture*» qui consiste à dénoncer les personnes, les périodes, les œuvres d'art «non conformes» à ces principes.

Les manifestations de l'idéologie *woke* occupent de manière croissante l'agenda médiatique, enflamment les réseaux sociaux et tendent à s'inviter dans le débat public. Disney Company a ainsi pris la décision, sur sa plateforme de vidéos en ligne, d'adjoindre à nombre de ses classiques un avertissement sur le fait qu'ils contiennent des «stéréotypes déplacés» qui véhiculeraient des représentations négatives de certains peuples ou certaines cultures[6]. On peut également citer la vague de «débaptisations» d'écoles ou d'universités américaines portant des noms illustres (George

---

6. *La Belle et le Clochard* avec la scène des chats siamois, *Peter Pan* avec la représentation des Amérindiens…

Washington, Thomas Jefferson, Abraham Lincoln...) mais sujets à controverse sur la question de l'esclavage ou du massacre des Amérindiens, ou encore les polémiques sur le choix de personnes blanches pour traduire des auteurs noirs. Les exemples sont légion outre-Atlantique et essaiment de manière croissante dans l'Hexagone, de l'organisation par l'UNEF de réunions « non mixtes » à la censure d'une pièce d'Eschyle à la Sorbonne, en passant par les excuses de l'entreprise Évian qui aurait incité à boire de l'eau le premier jour du mois de Ramadan.

Et le rapport avec notre jeunesse ? « Passionnée » par la lutte contre les discriminations et prompte à s'indigner face à tout écart observé en matière d'égalité, une partie de la jeunesse française « matche » pleinement avec cette idéologie *woke* qui s'inscrit à bien des égards en rupture avec l'universalisme républicain. Pour le dire autrement, à la manière de M. Jourdain, les jeunes font du wokisme sans le savoir. Ils s'approprient les concepts de ce courant qui leur ouvrent un nouveau terrain d'appréhension des inégalités ou des injustices fondées sur l'identité – et au sein duquel le mot « race » n'est plus un tabou ou un impensé. Ainsi constate-t-on que près de 4 personnes âgées de moins de 30 ans sur 10 considèrent que des termes comme « privilège blanc », « racisme d'État » ou « racisme anti-blanc » correspondent à une réalité. Cette génération des 18-30 ans s'avère très sensible à cette nouvelle vision installant une « lutte des identités », ou du moins plaçant celles-ci au cœur de ses grilles de perception, et faisant du wokisme une nouvelle forme d'engagement. Bien évidemment, ce ressenti n'est pas majoritaire parmi les 18-30 ans. Il serait dès lors inapproprié de résumer la jeunesse à une génération *woke*. Mais le terrain jeune est de plus en plus fertile !

Question : Pour chacun des termes ou expressions suivants, diriez-vous qu'aujourd'hui en France il correspond à une réalité ou qu'il ne correspond qu'à des faits marginaux ou inexistants ?

Ensemble des jeunes 18-30 ans	Correspond à une réalité	Correspond à des faits marginaux ou inexistants	Ne se prononcent pas	TOTAL
	(%)	(%)	(%)	(%)
L'islamophobie	**61**	22	17	100
Les violences policières	**60**	26	14	100
Le plafond de verre, c'est-à-dire les freins invisibles qui empêchent les femmes d'atteindre des postes à responsabilités	**60**	23	17	100
Le patriarcat, c'est-à-dire le fait que la société est hiérarchisée et que les hommes y détiennent plus de pouvoir	**59**	23	18	100
Le racisme anti-blanc	**43**	38	19	100
Le privilège blanc	**41**	36	23	100
Le racisme d'État	**41**	35	24	100

Comparatif : « Correspond à une réalité »

	Comparaison[7] Ensemble des Français Juin 2020	Ensemble des jeunes 18-30 ans Novembre 2020
	(%)	(%)
Le racisme anti-blanc	47	**43**
Le privilège blanc	32	**41**
Le racisme d'État	30	**41**

7. Enquête IFOP-Fiducial pour CNews et Sud Radio, échantillon de 1 020 personnes, représentatif de la population française âgée de 18 ans et plus par questionnaire auto-administré en ligne du 17 au 18 juin 2020.

La diffusion des idées liées à ce nouveau courant dans le débat s'avère d'ores et déjà non négligeable[8] et imprègne les schémas de pensée, quand bien même elle n'est pas partagée de manière homogène par les divers segments jeunes. Ainsi, les personnes convaincues de l'existence d'un privilège blanc ou d'un racisme d'État qui organiserait sciemment des discriminations sont surreprésentées parmi les femmes (49 % *versus* 34 % des hommes estiment que le privilège blanc est une réalité) et les plus jeunes (18-20 ans : 51 % reconnaissent la réalité du privilège blanc *versus* 37 % chez les 25-30 ans ; 45 % s'agissant du racisme d'État versus 40 % parmi les 25-30 ans).

Ce clivage générationnel est inversé en ce qui concerne le racisme anti-blanc[9], davantage reconnu par les 25-30 ans (48 %) que par les 18-20 ans (35 %) ou les 21-24 ans (42 %).

À l'inverse, la catégorie sociale ne constitue pas un critère discriminant : 41 % des ouvriers et un gros tiers des catégories sociales supérieures croient à la représentation d'un racisme d'État. Notons enfin une césure partisane. Les jeunes sympathisants de gauche sont une majorité à percevoir un privilège blanc (55 %) alors que ceux proches de la droite ou du Rassemblement national ne sont respectivement que de 31 % et 24 %. Le même clivage est à l'œuvre pour le racisme d'État avec 18 points d'écart entre sympathisants de gauche (48 %) et de droite (30 %).

Au-delà de ces catégories spécifiques, le décalage le plus frappant réside en fait entre la vision de ces jeunes

8. Dans une logique d'extrapolation sur l'ensemble des 18-30 ans, cela concernerait plus de 3 200 000 jeunes.

9. Ce terme est également perçu comme une réalité par une majorité du monde rural (52 %).

et celle de leurs aînés. Quand ces 18-30 ans apparaissent perméables à ce courant idéologique proche de la pensée *woke* en donnant une réalité à ces concepts fondés sur la race, les Français dans leur ensemble les mobilisent très peu. À peine un quart des personnes âgées de plus de 35 ans considèrent que le racisme d'État ou le privilège blanc constitue une réalité[10]. De la même manière, les Français de moins de 30 ans manifestent un degré d'intérêt bien supérieur à leurs aînés à l'égard de différentes notions issues du wokisme comme l'intersectionnalité, le racisme systémique, la non-binarité ou les luttes en non-mixité. Dans ce contexte, tout débat sur ces sujets entre un jeune proche du wokisme et un de ses aînés, *a fortiori* si celui-ci est un «*boomer*», tourne vite au dialogue de sourds et à l'incompréhension mutuelle. Dans ce contexte, cette fracture générationnelle conduit moins à l'affrontement conflictuel qu'au renforcement d'un splendide isolement. Chacun reste sur sa vision du monde, chacun reste sur son chemin, sans chercher à comprendre l'autre.

BLASPHÈME ET DROIT À LA CRITIQUE DES RELIGIONS : LA GRANDE CONFUSION

Ce tropisme spécifique d'une partie croissante de la jeunesse française, pas (encore) *woke* mais qui embrasse les principes de ce courant conduit logiquement à une sacralisation des minorités ethniques ou religieuses. Par définition, celles-ci – au premier rang desquelles les Français de confession ou de culture musulmane – sont perçues

10. Sondage IFOP-Fiducial pour CNews et Sud Radio, déjà cité.

comme les principales victimes de discriminations. C'est à cette aune que 61 % des 18-30 ans considèrent que l'islamophobie correspond à une véritable réalité, une perception majoritaire quelle que soit la catégorie de population. Dans ce cadre, la remise en cause de la légitimité de ce terme, telle qu'elle se déroule dans le débat public – au nom du droit à la critique de l'islam en tant que religion –, ne passe absolument pas dans la jeunesse. Celle-ci éprouve dans sa majorité des difficultés à opérer la distinction entre la critique autorisée d'un principe ou d'un dogme religieux et l'interdiction de discriminer une communauté. Pour le dire autrement, la confusion entre critique d'une religion et racisme est totale.

On retrouve d'ailleurs cette confusion sur une autre dimension du sondage Fractures sociétales, en l'occurrence la distinction entre islam et islamisme. En effet, 39 % des jeunes refusent d'admettre que l'islamisme a déclaré la guerre à la France (moins de 17 % des plus de 35 ans expriment le même avis). Ce déni s'avère d'ailleurs quasi majoritaire chez les moins de 20 ans (48 %) et les étudiants (46 %) ainsi qu'à gauche (46 %). Plus globalement se fait donc jour dans la jeunesse une manière spécifique d'appréhender le fait religieux, très différente de celle observée chez l'ensemble des Français.

Question : Diriez-vous que vous êtes d'accord ou pas d'accord avec chacune des phrases suivantes ?

Ensemble des jeunes 18-30 ans	**TOTAL D'accord**	**Tout à fait d'accord**	**Plutôt d'accord**	**TOTAL Pas d'accord**	**Plutôt pas d'accord**	**Pas du tout d'accord**	**TOTAL**
	(%)	(%)	(%)	(%)	(%)	(%)	(%)
On parle trop de religion et de questions religieuses aujourd'hui.	**78**	37	41	**22**	16	6	100
Il faut respecter les religions afin de ne pas offenser les croyants.	**75**	36	39	**25**	16	9	100
La laïcité est aujourd'hui en danger en France.	**70**	31	39	**30**	22	8	100
Il est justifié que les enseignants montrent à leurs élèves des dessins caricaturant ou se moquant des religions afin d'illustrer les formes de liberté d'expression.	**67**	33	34	**33**	18	15	100
L'islamisme a déclaré la guerre à la France et à la République.	**61**	29	32	**39**	23	16	100
La défense de la laïcité est souvent instrumentalisée par des personnalités politiques et des journalistes qui veulent en fait dénigrer les musulmans.	**57**	23	34	**43**	27	16	100
La religion représente quelque chose de très important dans ma vie quotidienne.	**36**	15	21	**64**	22	42	100
Les normes et règles édictées par votre religion sont plus importantes que la loi de la République.	**31**	11	20	**69**	23	46	100

Collectivement, au nom de cette sensibilité extrême aux discriminations et de cette attention à la situation des minorités, les jeunes Français éprouvent un malaise à voir critiquer des religions. Ainsi, pour trois quarts d'entre eux, il faut respecter les religions afin de ne pas offenser les croyants[11]. La traditionnelle irrévérence envers les religions, acceptée massivement par leurs aînés, constitue une forme faiblement acceptable d'irrespect. L'évitement des offenses est la réponse souhaitée par la génération offensée. Le respect de l'autre constitue la principale grille de lecture. Ce postulat explique par ailleurs le décalage béant entre les jeunes et l'ensemble des Français sur la question de la visibilité de caricatures en lien avec la religion.

Les résultats d'une enquête commandée par *Charlie Hebdo*[12], dans le contexte de l'ouverture du procès des attentats de janvier 2015, l'illustrent clairement. Seuls 35 %[13] des moins de 25 ans estiment que les journaux ont raison de publier les caricatures du prophète Mahomet, soit 24 points de moins que l'ensemble des interviewés (59 %). En parallèle, 47 % d'entre eux déclarent comprendre que la publication de ce type de caricatures ait suscité de l'indignation (contre 23 % chez les personnes âgées de plus de 30 ans).

11. IFOP pour *Marianne*, déjà cité.
12. Sondage IFOP pour *Charlie Hebdo*, 1 020 personnes âgées de plus de 15 ans ainsi qu'un échantillon de 515 personnes se déclarant de religion musulmane, interrogés en ligne du 6 au 17 octobre 2020, selon la méthode des quotas.
13. Résultat tombant à 18 % chez les jeunes de confession ou culture musulmane.

Comparatif : Total D'accord

	Comparaison[14] Ensemble des Français Octobre 2020	Ensemble des jeunes 18-30 ans Novembre 2020
La laïcité est aujourd'hui en danger en France.	87	**70**
Il est justifié que les enseignants montrent à leurs élèves des dessins caricaturant ou se moquant des religions afin d'illustrer les formes de liberté d'expression.	78	**67**
L'islamisme a déclaré la guerre à la France et à la République.	79	**61**

Cette même logique a primé s'agissant de l'attentat terroriste de Conflans-Sainte-Honorine. L'acte commis contre Samuel Paty a bien évidemment été condamné. Pour autant, à peine un mois après la décapitation de ce professeur d'histoire, un tiers des jeunes interrogés estime qu'« il n'était pas justifié que les enseignants montrent à leurs élèves des dessins caricaturant ou se moquant des religions afin d'illustrer les formes de liberté d'expression ». Cette équation « montrer des dessins ou des caricatures du prophète signifie ne pas respecter les croyants » est certes minoritaire dans la jeunesse, mais elle est bien installée dans certains de ses segments, notamment les 18-20 ans (38 %), les habitants de l'Île-de-France (41 %) et les précaires que ce soit les demandeurs d'emploi (42 %) ou les jeunes détenant un diplôme inférieur au baccalauréat (40 % voire 46 % chez les sans diplômes). Sans

14. Enquête IFOP-Fiducial pour CNews et Sud Radio, échantillon de 1 002 personnes, représentatif de la population française âgée de 18 ans et plus par questionnaire auto-administré en ligne du 20 au 21 octobre 2020.

surprise, la dissonance avec le reste de la population interrogée au même moment[15] est forte : seul 1 Français sur 5 partage ce point de vue.

Au cœur de cette césure entre la jeunesse et le grand public sur cette question des caricatures réactivées par l'affaire Paty réside le rapport au droit de blasphémer. Derrière les 33 % de jeunes remettant en cause le travail pédagogique du professeur d'histoire, il y a le refus de voir la distinction entre ce droit et l'interdiction d'être discriminant ou raciste vis-à-vis d'une communauté ou d'une religion. Dans ce cadre, la critique à l'égard d'un principe ou d'un personnage religieux, *a fortiori* des dessins ou des caricatures, est vue et interprétée comme une marque d'irrespect envers les croyants eux-mêmes. C'est d'ailleurs cette même logique à l'œuvre qui prévalait dans une partie de la jeunesse avec la confusion précédemment évoquée entre islam et islamophobie.

Notons que cette posture sur la critique des religions partagée par une part significative de la jeunesse s'avère à la fois plus fortement diffusée et assumée chez les lycéens. Une enquête IFOP pour la LICRA menée en janvier 2021 sur la place des religions à l'école et dans la société[16] avait montré, dans le sillage de l'affaire Mila[17], que le droit au blasphème clive profondément l'opinion

15. Cf. Enquête IFOP-Fiducial pour CNews et Sud Radio (octobre), déjà citée.
16. Sondage IFOP pour la LICRA, échantillon de 1 006 personnes, représentatif de la population lycéenne âgée de plus de 15 ans, interrogé en ligne du 15 au 20 janvier 2021, selon la méthode des quotas.
17. Du nom de cette lycéenne qui, après avoir critiqué l'islam avec virulence sur Instagram, a fait l'objet de dizaines de milliers de messages d'insultes et d'appels au meurtre. Elle est depuis déscolarisée.

lycéenne. En effet, une majorité d'entre eux (52%) se déclare défavorable au droit de critiquer, surtout de manière outrageante, une croyance, un symbole ou un dogme religieux. Auprès de ce public lycéen se fait jour la même incapacité à accepter et même à concevoir le blasphème, au nom du respect des minorités religieuses et/ou ethniques.

Enfin, il convient de ne pas négliger le fait que ces représentations collectives dans la jeunesse se nourrissent à l'échelle individuelle d'un rapport à la religion particulier. Celui-ci est marqué par une forme de sacralisation du fait religieux qui va de pair avec une orthopraxie croissante chez une partie des 18-30 ans. Ainsi, pour 36% d'entre eux, la religion représente quelque chose de très important dans leur vie quotidienne (15% se disent même tout à fait d'accord avec cette idée), tandis que l'affirmation selon laquelle les normes et règles édictées par leur religion devraient prévaloir sur les lois de la République reçoit l'assentiment de 3 jeunes sur 10[18].

Relevons que cette religiosité touche tous les segments de la jeunesse. Tout juste peut-on relever une intensité plus importante chez les moins de 20 ans (40% adhèrent à l'affirmation que la religion compte de manière très importante dans leur quotidien) et chez les Franciliens (46% sur ce dernier item *versus* 34% en région). Du point de vue de l'appartenance religieuse, ces deux affirmations sont sans surprise soutenues majoritairement par les catholiques pratiquants et par les musulmans

18. Ce chiffre tombe à 17% auprès de l'ensemble des Français âgés de plus de 18 ans, voire à 12% auprès des plus de 35 ans (source IFOP/ *Charlie Hebdo*, déjà citée).

(85 % et 88 % s'agissant de l'importance de la religion dans sa vie quotidienne ; 66 % des musulmans estimant que la loi religieuse est plus importante que celle de la République).

L'examen de grands indicateurs liés à la religion et de leur évolution dans le temps confirme de manière spectaculaire cette montée du fait religieux dans la jeunesse de France, alors que celle-ci apparaissait comme une des plus sécularisée d'Europe occidentale[19]. L'enquête Nouvelle Vague 2021 montre ainsi, pour la première fois depuis quarante ans, qu'une majorité de 18-30 ans (51 %) déclare croire en l'existence de Dieu. De la même manière et très spectaculairement, la croyance en une vie après la mort double entre 1981 et 2021 (31 % à 62 %). L'examen détaillé de ces croyances permet de révéler une parfaite correspondance entre les catégories les plus croyantes et celles se montrant les plus réticentes à voir le fait religieux critiquer. C'est le cas des femmes, des lycéens majeurs et des habitants de l'agglomération parisienne. Sans surprise, les catholiques pratiquants (69 % se déclarent tout à fait sûrs de l'existence de Dieu) et les musulmans[20] (78 % sur ce dernier aspect) émergent particulièrement.

---

19. Cf. Olivier Galland et Bernard Roudet (dir.), *Les Valeurs des jeunes. Tendances en France depuis 20 ans*, L'Harmattan, 2001.

20. Notons que l'orthopraxie croissante des jeunes de confession musulmane avait été identifiée dans de précédentes enquêtes. La part des musulmans déclarant aller à la mosquée le vendredi atteignait 38 % en 2019 (+15 points depuis 2007) et culminait à 40 % chez les moins de 25 ans (+20 points depuis 2007).

Question : Est-ce que personnellement, vous croyez... ?

	TOTAL Oui	**Oui, tout à fait**	**Oui, un peu**	**Non, pas du tout**	**TOTAL**
	(%)	(%)	(%)	**(%)**	(%)
En une vie après la mort	**61**	24	37	**39**	100
À l'existence de Dieu	**51**	25	26	**49**	100
En l'astrologie	**49**	13	36	**51**	100
En la réincarnation	**42**	12	30	**58**	100

UNE NOUVELLE LAÏCITÉ ?

L'ensemble de ces éléments conduit naturellement à une dernière « fracture » sociétale entre les jeunes et l'ensemble des Français. Elle concerne la laïcité. Celle-ci bénéficie d'un réel attachement dans l'opinion publique et constitue pour une très forte majorité de Français un pan essentiel de la République[21]. La situation observée dans la jeunesse diffère nettement, avec une capacité à investir ce concept et un attachement à son égard nettement moindres. La part des moins de 30 ans appréhendant la laïcité comme un objet positif est inférieure de 20 points à celle mesurée auprès du grand public (79 % *versus* 99 %). De même, la représentation d'un principe laïque qui ne serait pas en danger s'avère nettement plus forte dans la jeunesse : 30 % des jeunes interrogés, notamment les femmes (34 %) et les moins de 20 ans (36 %), s'inscrivent

21. Cf. Enquête IFOP pour Havas Paris sur la République et les entreprises républicaines, 1 021 personnes âgées de plus de 18 ans interrogées en ligne du 9 au 10 décembre 2020, selon la méthode des quotas.

dans une logique de minoration du danger pesant sur la laïcité, quand, dans le grand public, ce danger est massivement ressenti (87 %).

Moins attachée à une laïcité perçue comme peu menacée, la majorité des 18-30 ans en vient à délégitimer les défenseurs de ce principe républicain, ces derniers étant soupçonnés d'instrumentaliser la laïcité pour dénigrer les musulmans (57 %). Cette perception est majoritaire, quelle que soit la catégorie de jeunes. Surtout, et au cœur du décalage entre jeunes et ensemble des Français, c'est la définition même du principe de laïcité qui résonne très différemment en fonction de la génération.

Question : Pour vous, le principe de laïcité, c'est avant tout... ?

	Comparaison[22] Ensemble des Français Octobre 2020	**Ensemble des jeunes 18-30 ans Novembre 2020**
	(%)	**(%)**
Mettre toutes les religions sur un pied d'égalité	19	**34**
Assurer la liberté de conscience	23	**23**
Séparer les religions et la politique	27	**21**
Faire reculer l'influence des religions dans notre société	26	**13**
Rien de tout cela	5	**9**

22. Enquête IFOP pour le comité Laïcité République, échantillon de 2 034 personnes, représentatif de la population française âgée de 15 ans et plus, par questionnaire auto-administré en ligne du 20 au 22 octobre 2020.

Alors que la majorité de la population[23] voit dans ce principe républicain un moyen de « séparer les religions et la politique » (27 %), voire de « faire reculer leur influence dans la société » (26 %), les 18-30 ans considèrent à l'inverse que la laïcité doit viser à « mettre toutes les religions sur un pied d'égalité » (34 %) et à « garantir la liberté de conscience » (23 %). Ce sont donc deux représentations différentes, voire antagoniques, qui dominent dans le grand public et dans la jeunesse.

Dans le détail, cette vision plus inclusive de la laïcité exprimée par les jeunes, intériorisant davantage le droit à la différence quand le grand public s'inscrit davantage dans une logique d'assimilation, se diffuse dans tous les segments jeunes avec une fois encore un ressenti plus intense chez les femmes et les 18-20 ans. Ainsi, à la volonté de leurs aînés d'invisibiliser les religions, ou du moins de réduire leur influence dans l'espace public via une application sans accommodement de la loi de 1905, les jeunes aspirent majoritairement à leur assurer une parfaite égalité en termes de représentation, de visibilité, voire d'influence.

Cette singularité explique largement la réticence des plus jeunes, observée dans les enquêtes d'opinion, à faire évoluer la loi de 1905. Alors que les Français appellent massivement de leurs vœux un renforcement de l'application des principes laïques, les jeunes apparaissent beaucoup plus réservés.

23. *Ibid.*

Sous-total favorable	Ensemble des Français	18-24 ans	25-34 ans	35 ans et +
	(%)	(%)	(%)	(%)
L'interdiction de toute prière de rue et autre cérémonie religieuse dans l'espace public	84	64	77	88
L'interdiction du port de signes religieux ostensibles aux usagers des services publics (ex: mairie, préfecture...)	76	50	67	83
L'interdiction du port de signes religieux ostensibles dans les salles de cours des universités	76	55	63	83
L'interdiction du port de signes religieux ostensibles aux parents d'élèves accompagnant bénévolement les enfants lors d'une sortie scolaire	76	53	66	80
L'interdiction du port de signes religieux ostensibles aux salariés des entreprises privées	74	**66**	63	79
L'abrogation du concordat en Alsace-Moselle qui y autorise le financement des lieux et des ministres des cultes catholique, luthérien, réformé et israélite	64	57	59	66
La suppression de la possibilité donnée aux collectivités de conclure un bail emphytéotique sur plusieurs dizaines d'années pour l'édification de lieux de culte sur leur territoire	60	44	58	62
La suppression des jours fériés d'inspiration religieuse (Noël, Pâques, l'Ascension, la Pentecôte, l'Assomption, la Toussaint)	16	23	21	14

On constate un soutien à l'interdiction de toute prière de rue inférieur de 20 points parmi les moins de 25 ans comparé à la moyenne (64 % *versus* 84 %), de 23 points s'agissant de l'interdiction du port de signes religieux ostensibles aux parents d'élèves accompagnant une sortie scolaire, voire de 26 points pour l'interdiction du port de signes religieux pour les usagers des services publics. Ce tropisme particulier observé chez les personnes de moins de 25 ans existe encore plus fortement chez les lycéens, selon la même logique que celle mentionnée à propos du droit au blasphème. En effet, l'enquête LICRA révèle que le port de ces signes religieux ostensibles (voile, kippa) – pourtant interdits à l'école depuis la loi de 2004 – est soutenu par un lycéen sur deux (52 %). On peut voir là, chez ces lycéens comme dans une partie de la jeunesse âgée de 18 à 30 ans, un primat accordé au respect de la liberté de choix individuelle sur les règles collectives. En rupture avec l'ensemble des Français, l'acceptation des expressions religieuses dans l'enceinte scolaire et plus largement cette vision spécifique de la laïcité constitue un autre véritable marqueur générationnel entre la jeunesse et l'ensemble des Français.

L'examen de ces enjeux sociétaux a révélé la diversité et la profondeur des fractures entre générations. Plus qu'une lutte conflictuelle des âges, il s'agit de deux mondes différents, chacun évoluant dans sa bulle sans possibilité de dialogue qui permettrait de rapprocher les points de vue. Tout cela constitue des signaux faibles inquiétants. En effet, de faire bande à part à faire sécession, il n'y aurait qu'un pas. La moquerie « *OK boomer* » popularisée par les réseaux sociaux ne recélerait-elle pas un sens caché : un « *bye-bye, boomer* » forcément inquiétant ?

Pour autant, il existe des dimensions au cœur de la vie des Français pour lesquelles la jeunesse est moins en rupture qu'elle ne montre le chemin. C'est le cas de la question environnementale et, sur un tout autre sujet, du rapport des jeunes salariés au travail.

L'ENVIRONNEMENT : L'ENJEU IDÉAL D'UNE JEUNESSE QUI S'ENGAGE

Nous aurions pu croire que la période récente affecterait la tendance lourde observée depuis maintenant quelques années : la prise de conscience environnementale et l'activisme des plus jeunes générations pour cette cause (que l'on nomme protection de l'environnement, développement durable ou lutte contre le réchauffement climatique). Comment l'enjeu de l'environnement est-il appréhendé au regard d'une période durant laquelle le Covid-19 a submergé les esprits, phagocytant les perceptions et les enjeux ? Loin de reléguer la question écologique au second plan, la crise sanitaire est venue, au contraire, conforter la prise de conscience du danger couru par la planète, et de l'urgence à agir qui nous incombe collectivement. Les questions environnementales demeurent particulièrement centrales chez les plus jeunes dans l'appréhension qu'ils ont de la société à venir après ce séisme mondial. Car plus que jamais la crise du Covid a été un accélérateur de tendances déjà à l'œuvre.

Malgré les conséquences de la crise sanitaire qui catalysent encore bon nombre d'interrogations et d'inquiétudes pour l'avenir, les jeunes Français identifient bien plus que la moyenne l'enjeu écologique comme sujet prioritaire. Selon l'Observatoire des tendances de consommation[1] réalisé par Viavoice en février 2021, 59% des 18-24 ans et 57% des 25-34 ans identifiaient l'environnement comme un sujet prioritaire, révélant là un clivage avec les plus âgés, notamment les 65 ans et plus, qui n'étaient que 44% à considérer cet enjeu comme une priorité dans ce contexte bouleversé. Un sondage IFOP pour *Le Journal du dimanche*[2] plus récemment mené confirme ce point : en avril 2021, à l'aune du déconfinement, 64% des jeunes de moins de 30 ans considèrent l'écologie comme un enjeu tout à fait prioritaire contre 44% parmi les 65 ans et plus.

L'environnement constitue assurément le sujet majeur qui alimente l'engagement des plus jeunes générations et devient un de ses marqueurs forts. Cette conscience écologique vient finalement se nourrir de cette crise sanitaire inédite pour consacrer, sans doute, l'idée d'une vulnérabilité. Mais cette « vulnérabilité » face aux enjeux écologiques planétaires constitue une véritable « catégorie de l'action », motif d'engagement, pour la jeunesse, dont les ressorts, les expressions et les raisons sont passionnants à analyser. Une chose est sûre, plus de cent ans après, une sorte de « génération Paul Valéry » se fait jour clamant d'une seule et même voix : « Nous autres, civilisations, nous savons maintenant que nous sommes mortelles[3]. »

1. L'Observatoire des tendances de consommation Viavoice-Audioptic, 3 000 Français âgés de 18 ans et plus interrogés en ligne en février 2021, selon la méthode des quotas.
2. Sondage IFOP pour *Le Journal du dimanche*, 1 515 personnes interrogées en ligne du 22 au 23 avril 2021, selon la méthode des quotas.
3. Paul Valéry, *La Crise de l'esprit* (1919).

LE CLIMAT D'ABORD

Premier constat majeur de cette génération de moins de 30 ans : la prise de conscience écologique constitue bel et bien une partie centrale de son identité. Mais cette conscientisation des risques liés à l'environnement notamment, les jeunes Français l'associent d'abord au changement climatique. En ce sens, les enjeux environnementaux sont d'abord et avant tout appréhendés à travers les enjeux liés au bouleversement climatique. En 2021[4], parmi les sujets liés à l'environnement, 58 % des jeunes âgés de 18 à 30 ans invoquaient les risques générés par le changement climatique comme le risque prioritaire.

Cette équation « écologie égale climat » est une tendance marquante mais récente. Surtout, elle n'a pas toujours été partagée, loin de là, dans l'opinion publique. Ainsi en 2002, l'ensemble des Français n'étaient que 20 % à faire le lien entre environnement et changement climatique. Au début de ce siècle, la question environnementale était davantage associée dans l'opinion aux problématiques de la pollution de l'air ou des eaux, à une sorte d'écologie de la quotidienneté (même si émergeaient également des discours liés au risque nucléaire). Mais déjà la jeunesse de cette époque associait fortement préoccupations à l'égard de l'environnement et question du climat.

Et depuis ces vingt dernières années, les perceptions de l'ensemble des Français se sont intensifiées et surtout alignées sur celles à l'œuvre dans la jeunesse. Ainsi, dans

4. Enquête IFOP pour les éditions Les Arènes, 1 513 personnes âgées de 18 à 30 ans interrogées en ligne du 12 au 17 février 2021, selon la méthode des quotas.

une enquête menée en septembre 2020[5], 45 % des Français identifient la lutte contre le dérèglement climatique comme étant l'une des principales préoccupations en matière d'écologie, un résultat quasi équivalent à celui de la définition traditionnelle en termes de préservation de la qualité de l'air ou de lutte contre la pollution atmosphérique. De la même manière, dans cette étude, 71 % des Français invités à associer l'écologie à des mots clefs, souhaiteraient surtout voir accolé le climat à l'écologie, un score à quasi-égalité avec l'idée de qualité de vie (74 %), presque consubstantielle dans l'opinion à la thématique environnementale.

Quel chemin parcouru, et ce, grâce à la jeunesse ! Ces évolutions montrent à quel point les jeunes ont su diffuser auprès des autres générations leur représentation de l'environnement entendue avant tout comme la lutte pour le climat. Pour autant, s'agissant de cette sensibilité spécifique au climat, les jeunes restent à l'avant-garde. Dans cette même enquête, ils sont 52 %, voire 58 % chez les 18-24 ans, à mentionner la lutte contre le dérèglement climatique comme la principale préoccupation en matière d'écologie et sont également beaucoup plus nombreux que leurs aînés à associer « environnement » à « climat » (82 %, soit 11 points de plus que la moyenne des Français). Il est très clair que la jeunesse de France forme entre l'environnement et la lutte en faveur du climat un agrégat solide. En ce sens, environnement et climat sont pour nos 18-30 ans les faces d'une même pièce. Cette jeunesse propulse ainsi l'idée que, dorénavant, les enjeux liés à l'environnement devront s'appréhender d'abord au regard du changement

5. Étude IFOP pour les groupes LR à l'Assemblée nationale et au Sénat, 2 008 personnes interrogées en ligne du 11 au 14 septembre 2020, selon la méthode des quotas.

climatique. Cette tendance aura des conséquences importantes quant aux attentes des jeunes sur la politique écologique. En effet, penser l'environnement au prisme du climat, c'est ancrer cet enjeu dans une vision globale, internationale, et penser toute action individuelle dans un contexte collectif.

L'enjeu de l'environnement devient à la fois quotidien et mondial. Les jeunes inscrivent en dehors du cadre hexagonal la question environnementale. Mais si l'environnement et tout ce qu'il engage ne peuvent se penser en dehors du monde, les jeunes, comme bon nombre de leurs concitoyens, estiment que l'action écologique est aussi l'avènement du pouvoir individuel.

Dans ce cadre, pour agir en faveur de l'environnement, les jeunes sont en attente d'une action commune portée par un triptyque « citoyens, État, entreprises ». Bien sûr, rien de très étonnant dans ce trio de tête. L'État porteur de la prérogative d'intérêt général semble « naturellement » légitime à intervenir sur ces questions. L'entreprise représente à la fois la « puissance » capable de changer les choses et le lieu de changement nécessaire, surtout sur le plan environnemental. En outre, elle bénéficie sur la durée d'un surcroît de confiance dans l'opinion qui tend, de moins en moins souvent, à appréhender l'action des entreprises en matière écologique sous l'angle du *greenwashing*.

Mais ce qui apparaît le plus notable réside dans la place du citoyen « leader » parmi les acteurs capables d'agir contre le changement climatique dans un contexte singulier d'affaiblissement ressenti de l'État et de sa capacité à agir. À cet égard, selon l'enquête ACTED[6], 52 % des jeunes de

6. Enquête IFOP pour ACTED, 1 000 jeunes âgés de 15 à 35 ans interrogés en ligne en novembre 2020, selon la méthode des quotas.

18-30 ans estiment que ce sont les citoyens qui sont les plus à même d'agir efficacement contre le changement climatique, 11 points devant l'État et 16 points devant les entreprises. À la lecture de ces données, il faut bien se rendre compte qu'on ne trouve aucun autre enjeu traité sur l'agenda politico-médiatique pour lequel l'action citoyenne devance si nettement celle des acteurs issus de la sphère publique ou privée. Cette tendance est même partagée par l'ensemble des Français, considérant à 69 % que les citoyens eux-mêmes sont les plus efficaces dans l'action pour l'écologie, devant l'État et les collectivités locales (46 % et 43 % de citations) comme les entreprises (34 %).

Question : Parmi la liste suivante, quels sont les trois acteurs qui vous semblent les plus capables d'agir efficacement contre le changement climatique ?

	En premier	Total des citations
Les citoyens	30	52
L'État	16	41
Les entreprises	14	36
Les organisations internationales (ONU, UNESCO, etc.)	11	25
L'Union européenne	8	21
Les scientifiques	8	18
Les ONG et les associations	5	16
Les collectivités locales	2	15
Autres	-	-
Aucun acteur/aucun autre acteur	6	6
TOTAL	100	(*)

(*) Le total est supérieur à 100 % en raison des réponses multiples.

Cette ode à l'action individuelle en matière environnementale s'avère la première expression de cette jeunesse diffusionniste : celle qui influence le cours des choses et la construction de l'opinion, bouscule la mise à l'agenda des enjeux de société et impacte les générations suivantes. Ainsi, parmi les jeunes les plus engagés en faveur de la lutte contre le changement climatique, la majorité estime que, pour changer vraiment les choses, la seule condition est l'engagement collectif de tous. L'idée selon laquelle, si tout le monde changeait son comportement, cela aurait un effet réel sur le changement climatique est plébiscitée par ces jeunes engagés. La jeunesse de France est donc hermétique à deux discours fatalistes. Hermétique d'abord au discours pessimiste qui considère qu'en matière environnementale plus rien n'est possible car il est trop tard. Hermétique également au discours qui incarnerait une logique du « Messieurs les Anglais, tirez les premiers » estimant que, la France n'étant pas le pays le plus « pollueur », ce ne serait pas à elle d'agir en premier, mais plutôt à la Chine, aux États-Unis...

Cette invitation des plus jeunes à l'action citoyenne épouse finalement cette tendance venant consacrer l'idée d'une jeunesse qui veut elle aussi avoir le pouvoir de peser sur le cours des choses. Le citoyen incarne ainsi l'idée d'efficacité, de pragmatisme et d'action concrète, à l'image de ce que les jeunes Français attendent des politiques, et qu'ils ne retrouvent pas. La vision que les jeunes ont de l'environnement, c'est donc d'abord l'enjeu du citoyen qui agit dans la quotidienneté.

LE DÉVOUEMENT D'UNE GÉNÉRATION « C'EST PAS MA FAUTE »

Les jeunes Français plaident pour un engagement citoyen qui passe par l'alerte, mais au-delà de s'unir pour demander une mobilisation de tous, ils semblent d'ores et déjà engagés. Toujours dans l'enquête ACTED[7] menée par l'IFOP en août 2020, 72 % des 18-30 ans se déclarent engagés dans la lutte contre le changement climatique, ce qui constitue un résultat incomparable, quels que soient les autres domaines d'action ou enjeux. Premier élément d'analyse notable dans la cartographie de l'engagement des jeunes pour l'environnement : aucun clivage n'apparaît dans le niveau d'engagement exprimé. Cette absence de différence au sein d'une même génération est suffisamment inédite pour le relever. Elle nous renseigne sur le caractère très fédérateur de cet enjeu auprès de ce public des 18-30 ans. Quelle que soit la situation de l'interviewé, le niveau de l'engagement reste identique. Par exemple, les jeunes qui vivent encore chez leurs parents se sentent aussi engagés que les jeunes adultes « émancipés ». On aurait pu penser que l'avancée en âge, avec l'entrée dans la vie active ou la construction d'un foyer, aurait une incidence sur le niveau d'engagement, mais il semblerait que non.

Quant au critère territorial, aucune différence significative ne se révèle dans les résultats entre les jeunes habitant en région parisienne et les provinciaux. Seuls les jeunes ruraux apparaissent en tendance légèrement plus engagés. Sans doute que l'investissement en milieu urbain est un peu plus difficile à mettre en pratique et à traduire dans

---

7. *Ibid.*

le quotidien, nécessitant de lever quelques contraintes d'aménagements ou d'accès aux actions que le milieu rural connaît moins. Mais en dépit de cette légère différence territoriale, la jeunesse forme dans son engagement écologique un réel bloc monolithique, rarement observé dans les études d'opinion.

Très loin d'un engagement labile, l'étude ACTED montre également que 91 % des jeunes âgés de 18 à 30 ans déclaraient être prêts à réaliser au moins une action pour lutter à leur niveau contre le réchauffement climatique. De la réduction de leur consommation d'énergie au refus d'acheter certains produits à fort impact climatique ou au choix de nouvelles mobilités, les jeunes n'hésitent pas à montrer la voie et à changer leurs habitudes. Ils estiment ainsi que c'est bien l'addition des gestes individuels qui fera bouger les choses telle une politique de « petits pas ».

Un autre point relevé par l'analyse de l'opinion est la part des jeunes dont le souhait de davantage s'engager en faveur de l'environnement semble limité par un déficit d'information en la matière. Si aucun clivage socio-économique ne se fait jour sur la question de l'engagement écologique, le critère du sentiment d'information est, lui, particulièrement central. Dans l'étude IFOP pour ACTED, parmi les jeunes qui ne sont pas engagés 35 % des 18-30 ans estiment qu'ils souhaiteraient agir mais ne savent pas ce qu'ils peuvent faire pour lutter contre le réchauffement climatique.

L'engagement pour l'environnement illustre également les pratiques changeantes des plus jeunes en matière d'usages médiatiques. En cela, l'engagement écologique réinvente aussi les canaux classiques d'accès à l'information, mais on imagine bien que cela retentira considérablement sur les modes de mobilisation et d'expression associés. Selon la même étude, 70 % des 18-30 ans déclarent s'informer sur Internet concernant les questions écologiques (parmi eux, 35 % sur les réseaux sociaux, 29 % sur les sites ou applications mobiles de la presse écrite), loin devant les canaux plus traditionnels que sont la télévision (39 %) et leur entourage (16 %).

Question : Pour vous informer sur les questions écologiques, quels sont les moyens d'information que vous utilisez le plus souvent ?

	En premier	**Total des citations**
TOTAL Internet	**47**	**70**
- par les réseaux sociaux	19	35
- par Internet sur les sites Internet ou applications mobiles de la presse écrite	15	29
- par les sites Internet ou applications mobiles des chaînes de télévision ou de stations de radio	9	22
- par les blogs spécialisés	4	10
- **par la télévision**	24	39
- **votre entourage**	7	16
TOTAL Presse	**7**	**15**
- par les journaux gratuits	2	6
- par la presse écrite quotidienne sur la version papier	2	5
- par la presse magazine sur la version papier	3	5
- **par la radio**	6	13
- autres	1	2
- vous ne cherchez pas à vous informer sur les questions écologiques	8	8
TOTAL	100	(*)

(*) Le total est supérieur à 100 % en raison des réponses multiples.

Les jeunes sont clairs : s'engager pour l'environnement n'a rien de sacrificiel, loin de là. Ils attendent que chacun puisse prendre part à ce défi, et que cette action ne constitue pas un sacrifice en soi. Par contre, en ce qui les concerne, les jeunes Français sont prêts à faire bien plus. Et c'est peut-être ici l'analyse qu'on peut tirer de cette forme de dévouement des jeunes à la cause environnementale et climatique : c'est d'abord une façon de reprendre la maîtrise de son temps et surtout de celui qui vient – ce qui a son importance pour une génération qui semble déplorer cette accélération du temps que nous avions analysée dans la première partie de ce livre. D'une certaine manière, dans l'ode à l'action individuelle en faveur de la lutte pour l'environnement, on perçoit une volonté, voire une capacité, de reprendre la main sur sa faculté à influencer son présent et son avenir. En ce sens, l'engagement pour l'environnement révèle et exprime le caractère diffusionniste des jeunes. L'environnement est l'enjeu idéal pour cette jeunesse qui s'engage, qui influence son monde présent et à venir, qui impacte les autres générations et son temps.

D'ailleurs, un des résultats marquants de cette Nouvelle Vague[8] menée cette année par l'IFOP montre que 1 jeune sur 5 déclare être prêt à risquer sa vie pour sauver la planète ! Ce résultat spectaculaire culmine à 29 % chez les plus jeunes, âgés de moins de 20 ans. Ces jeunes, par cette forme d'abnégation incarnée, expriment bien plus qu'une prise de conscience de cet enjeu ; celui-ci constitue une part de leur identité et, étant nés avec ces problématiques à l'esprit, un élément fondamental de leur mémoire

8. Enquête IFOP pour les éditions Les Arènes, déjà citée.

collective. Ils révèlent surtout cette légitimité plus que jamais ressentie par la jeunesse à se placer au cœur des enjeux d'avenir.

Dans un certain sens, c'est une forme de réconciliation avec l'action politique telle qu'elle se déploie dans l'imaginaire des Français : quand on veut se mobiliser, les choses peuvent changer. Et, conjugué à cette remise en question du principe de représentation, c'est par l'intermédiaire du citoyen, de l'individu lui-même, que cet enjeu doit s'exprimer et s'aborder. La génération que l'on surnomme parfois génération Greta Thunberg assume presque ici une dimension « jusqu'au-boutiste », et même si cette génération des moins de 30 ans considère qu'il n'y a rien de sacrificiel à s'engager pour l'environnement, certains sont prêts à risquer leur vie pour défendre cette cause. Ces jeunes se replacent incontestablement au cœur de l'avenir, légitiment leur place dans le monde qui vient, incarnant presque la « solution » indéniable à ces problèmes vitaux. Ainsi, la jeunesse, différente de l'ensemble des Français sur beaucoup d'aspects, faisant parfois « bande à part » comme nous l'avons vu sur les questions de société, est loin de s'isoler sur cet enjeu mais se propulse en leader d'opinion. Sur ce terrain du climat, elle est « Bonaparte au pont d'Arcole ». Tantôt déstabilisante, tantôt renversante, son influence sur ses aînés est perceptible. Elle donne ainsi à l'opinion publique l'envie de réfléchir.

Si l'environnement constitue un terrain idéal pour l'engagement de la jeunesse, lui permettant, on l'a vu, de se replacer au cœur des enjeux présents et à venir et de reprendre la maîtrise de son temps tout en assumant son influence sur le monde, un autre élément peut expliquer cet engagement singulier : sa dimension légitime, voire quasi naturelle. En effet, les jeunes générations ont toujours baigné dans une actualité marquée par les enjeux environnementaux, bouleversée par les catastrophes climatiques, premières conséquences du dérèglement de la planète. De ce fait, la jeunesse actuelle se distingue des générations précédentes, dont la prise de conscience environnementale n'allait pas toujours de soi. Pour les jeunes nés au tournant du siècle, cette conscientisation de l'enjeu écologique n'en était qu'à ses débuts. La fin des années 1990 et le début des années 2000 ont vu néanmoins les premières percées électorales d'Europe Écologie Les Verts, incarné par la figure de Daniel Cohn-Bendit. Ce sera aussi l'époque de l'historique discours de Jacques Chirac aux Nations unies, marqué par la formule désormais célèbre : « Notre maison brûle et nous regardons ailleurs[9]. »

Pour autant, les générations passées ont, elles aussi, connu des crises ou divers moments traumatiques, de Tchernobyl à la catastrophe de Bhopal en Inde ou celle de l'*Amoco Cadiz* sur les côtes bretonnes. Mais la jeunesse de 2021, davantage confrontée à une récurrence presque obsédante d'événements autour du climat, semble bien plus préoccupée par ces enjeux. L'environnement et sa préservation constituent un élément présent naturellement à l'esprit de nos plus jeunes concitoyens. Cet état de fait conduit même certains à penser que la catastrophe écologique est un héritage. L'idée que l'urgence climatique est en partie imputable aux générations précédentes aboutit parfois à une forme de confrontation culpabilisante avec celles-ci.

---

9. Discours prononcé par Jacques Chirac, lors du IVe Sommet de la Terre à Johannesburg, septembre 2002.

« HOW DARE YOU! »

Le « phénomène » Greta Thunberg constitue un exemple fondamental et illustre assez clairement l'ensemble des tendances observées jusqu'alors. L'adolescente suédoise apparaît comme l'image même de l'engagement citoyen, libéré de toute affiliation « politique » au sens partisan du terme, et conjugue engagement spontané et engagement légitime. La rhétorique prisée de la jeune militante consacre l'idée d'une jeunesse héritière d'une génération passée inconsciente, incapable, voire surtout responsable de ce contexte. Dans une prise de parole rendue publique en avril 2021, un an après le début de la pandémie, Greta Thunberg accuse les dirigeants actuels de ne pas s'engager assez fortement en faveur de l'environnement.

« Et bien sûr, puisque le débat n'existe pas et que le niveau de sensibilisation est ridiculement bas, vous contribuez en toute impunité à la destruction de l'environnement présent et futur [...]. Vous vous en tirez aujourd'hui, mais tôt ou tard, les gens vont réaliser tout ce que vous avez fait [...]. Nous, les jeunes, sommes ceux qui parleront de vous dans les livres d'histoire. C'est nous qui choisirons comment on se souviendra de vous. Faites les bons choix[10]. »

Par cette prise de position, les plus jeunes arrivent à conflictualiser à nouveau le monde social, autour d'un terme sur lequel les 18-30 ans se sentent entièrement légitimes : l'environnement.

---

10. Discours prononcé par Greta Thunberg, devant une commission du Congrès américain en marge du sommet pour le climat organisé par Joe Biden, avril 2021.

Si, à la lecture de ces constats, nous pourrions être amenés à opposer les jeunes et leurs aînés, en réalité les choses sont bien plus complexes. Ces éléments ne doivent pas faire oublier que les clivages générationnels en ce qui concerne l'environnement se sont largement estompés. Si l'idée d'un héritage difficile à porter pour la jeune génération et, par là, d'une culpabilité de leurs parents peut émerger çà et là dans une partie de la jeunesse, il n'est pas question de guerre des générations sur cet enjeu, bien au contraire. Les jeunes ne souhaitent en rien s'isoler, n'alimentent pas le clivage, mais plutôt ne cessent d'influencer leur environnement notamment familial, de prendre part au débat. L'accusation portée par une lecture virulente du legs laissé par les aînés ne constitue pas le fondement d'une fracture intergénérationnelle. L'actualité de la campagne des dernières régionales l'a d'ailleurs mis en exergue. L'argumentaire politique discutable, porté par des responsables d'EELV en Île-de-France, opposant «*boomers*» et jeunes générations sur le terrain de la mobilisation électorale n'a pas eu d'effet dans l'opinion. Il a plutôt suscité des réactions se situant entre forte réprobation et hilarité face à la maladresse de l'équipe de campagne de Julien Bayou.

Cette fausse bataille des générations sur l'environnement cache une réalité bien différente. S'engager pour l'environnement ne revient pas forcément à s'engager contre les générations passées, mais plutôt à donner à voir les bonnes pratiques aux aînés. L'enjeu de cette jeunesse est de s'engager pour, et non contre. L'importance conférée à cet enjeu dans la jeunesse apparaît donc comme naturelle, voire viscérale – constitutive finalement de cette «époque malchanceuse» où il semble urgent et nécessaire d'agir pour changer le cours des choses. Au même titre que la jeunesse des années 1980 voyait l'angoisse du chômage et du Sida planer, puis celle de 1990, le spectre du désenchantement après l'effondrement du bloc de l'Est, la jeunesse de 2021, mue par une profonde inquiétude, reste convaincue qu'il est vital d'agir pour l'environnement. Reprendre l'avenir en main par l'engagement environnemental ne signifie pas seulement croire en l'action présente et future du citoyen. C'est simplement rendre possible tout avenir. Les différentes études d'opinion font ainsi état de cette lame de fond qui porte l'esprit des plus jeunes comme pour rappeler qu'aucun des défis du monde actuel ne saurait être relevé si la cause environnementale n'en fait pas partie. En d'autres termes, pour la jeunesse, agir pour l'environnement, c'est pouvoir se projeter dans l'avenir, même si la crise du Covid-19 semble l'avoir obstrué.

Mais ce que semble aussi percevoir la jeunesse, c'est l'inertie du politique, des décideurs d'aujourd'hui et plus encore de ceux d'hier, leurs velléités inabouties d'agir sur le cours des choses. Légitime car dépositaire d'un fardeau, vierge de toutes réelles responsabilités, cette jeunesse se vit comme l'héritière et la victime d'une inaction des politiques, de l'insuffisante prise en compte de cet enjeu majeur par les décideurs publics et privés.

UNE INSATISFACTION À L'ÉGARD DES DÉCIDEURS

Sommes-nous face à la génération « J'accuse », en référence au brûlot d'Émile Zola publié dans *L'Aurore* de Georges Clemenceau à propos de l'affaire Dreyfus, sonnant la charge et dénonçant l'injustice face à l'armée et à une partie du pouvoir en place ? Sans doute. Car les accusations de la jeunesse ne s'adressent pas à la génération des aînés (comme certains pourraient le laisser croire) mais doivent être entendues surtout comme une accusation empreinte de colère face à l'inaction passée et actuelle du personnel politique. Le constat amer est déploré, lorsqu'il n'est pas dénoncé avec virulence.

La génération des 18-30 ans, qui était bien trop jeune pour avoir entendu le discours de Jacques Chirac à Johannesburg, est autant celle des incendies meurtriers en Australie, faisant suite à l'année la plus chaude jamais enregistrée, qui ont ravagé plus de 10 millions d'hectares et tué plus d'un milliard d'animaux, que celle du «*Make America Great Again*», dont le principal artisan s'est retiré de l'Accord de Paris sur le climat. Nombreux sont les signaux qui ont alerté l'opinion publique des conséquences déjà présentes du dérèglement climatique. En ce sens, si l'écologie a toujours été au cœur des préoccupations de la plupart des Français, elle représentait sans doute une chose que l'on pensait encore éloignée du quotidien. Mais pour cette jeunesse, la prégnance des enjeux climatiques est plus que jamais visible, les conséquences du dérèglement climatique sont déjà là. La singularité de cette génération réside ainsi dans ce constat présent, immédiat d'un enjeu que l'on n'a cessé de penser «à venir». De là découle l'intense attente d'une prise en charge par les pouvoirs publics.

En dépit de tout cela, nombreux sont aussi les signaux politiques, envoyés aux jeunes générations, qui contrebalancent ce temps de l'urgence. Au-delà du retrait de Donald Trump de l'Accord de Paris, jugé historique, c'est l'image de la première puissance démocratique du monde élisant un président climatosceptique qui construit les opinions et les perceptions. Mais les vicissitudes, hésitations ou autres renoncements des dirigeants politiques ne sont pas seulement l'apanage des golfeurs les plus « radicaux ».

En France, quels que soient les acteurs politiques considérés, la déception de la jeunesse est réelle. L'écologie lui apparaît comme un enjeu politique en déshérence. En premier lieu, les jeunes Français sont peu nombreux à louer les actions de l'exécutif sur le terrain environnemental. Une étude IFOP menée en avril 2021[11], près de quatre ans après l'accession d'Emmanuel Macron à l'Élysée, montre que 63 % des 18-30 ans jugent négativement son bilan sur le plan de l'environnement et du réchauffement climatique. Dans cette même étude, ils ne sont que 2 % à considérer le bilan du président comme très positif, signe d'une déception majeure quant à la sincérité et la volonté du président « en rupture avec le monde d'avant » d'amorcer la transition écologique. Au-delà de la sévérité des chiffres, partagée d'ailleurs par l'ensemble des Français[12], la déception se nourrit d'un récit étayé par plusieurs moments au cours du quinquennat. C'est d'abord l'« instant Nicolas Hulot ». L'arrivée de cette personnalité populaire avait d'abord matérialisé pour beaucoup de jeunes Français l'espoir d'une réelle rupture. Mais les déceptions au regard du faible volontarisme de Nicolas Hulot, de son bilan jugé famélique[13], sans parler des ater-

11. Sondage IFOP-Fiducial pour Sud Radio, Balise d'opinion #136, 1 014 personnes âgées de 18 ans et plus interrogées en ligne du 20 au 21 avril 2021.

12. Dans cette même enquête, 36 % des Français estiment que ce bilan environnemental est positif, *versus* 43 % en avril 2018.

13. À cet égard, les enquêtes menées pendant qu'il était ministre ont montré le décalage très élevé, atteignant parfois une trentaine de points, entre la cote de popularité au zénith de Nicolas Hulot et celle liée à son action, dépassant à peine les 50 % de satisfaits.

moiements et états d'âme du ministre Hulot sur l'exercice du pouvoir jusqu'à sa démission surprise annoncée dans une matinale, ont été aussi fortes que l'étaient les attentes suscitées par sa nomination.

Cette déception Hulot a constitué un révélateur des limites de l'action politique lorsqu'il est question d'écologie. Le recul notable sur le glyphosate, question devenue un totem cristallisant les attentes des Français, est apparu également comme un indicateur d'inaction et de manque d'ambition politique sur ces enjeux. Cette affaire a accrédité l'idée que l'exécutif, à l'instar des présidences passées, avait relégué l'environnement au second plan. De même, la proposition du président de la République d'inscrire la protection de l'environnement à l'article 1er de la Constitution ne lui a pas permis de convaincre sur son engagement ni d'inverser le cours de ces perceptions, quand bien même la responsabilité du blocage du texte incombe plutôt au Sénat. Enfin, les polémiques à la suite des renoncements à certaines propositions de la Convention citoyenne pour le climat, clivantes pour certains ou nouvellement audacieuses pour d'autres, ne cessent d'alimenter l'idée d'une très faible volonté politique de l'exécutif macronien en la matière.

Pour autant, le président Macron n'est pas le seul politique à se voir reprocher son inaction. Étant au pouvoir, il est directement et principalement la cible des critiques exprimées par la jeunesse. Mais celles-ci touchent tous les acteurs de la sphère politique. Dans l'étude menée par l'IFOP[14], la tendance est en effet désastreuse pour le per-

14. Étude IFOP pour les groupes LR à l'Assemblée nationale et au Sénat, déjà citée.

sonnel politique dans son ensemble. Seuls 10 % des jeunes Français de moins de 35 ans déclarent faire confiance aux partis politiques pour agir efficacement pour l'écologie. En outre, dans ce temps de pré-campagne présidentielle, il est intéressant de noter qu'aucun parti politique ne représente une réelle source d'espoir en la matière. La confiance accordée à l'ensemble des formations politiques étonne par la faiblesse et l'indifférenciation des scores observés (entre 24 % et 29 % dans le grand public, entre 27 % et 34 % chez les jeunes). Ces résultats consacrent l'idée à l'œuvre dans la jeunesse selon laquelle les changements radicaux que l'urgence environnementale réclame ne proviendront pas du politique.

Question : Pour chacun des partis politiques suivants, lui faites-vous confiance pour mener une politique en faveur de l'écologie ?

En %	TOTAL Confiance	Tout à fait confiance	Plutôt confiance	TOTAL Pas confiance	Plutôt pas confiance	Pas du tout confiance	TOTAL
Europe Écologie Les Verts	**55**	15	40	**45**	21	24	100
Les Républicains	**29**	4	25	**71**	35	36	100
La République En Marche !	**29**	4	25	**71**	33	38	100
Le Parti socialiste	**28**	2	26	**72**	37	35	100
La France insoumise	**24**	5	19	**76**	30	46	100
Le Rassemblement national	**24**	6	18	**76**	27	49	100

Même Europe Écologie Les Verts n'est pas vraiment plébiscité par la jeunesse et n'échappe pas à la défiance exacerbée envers le personnel politique. Bien sûr, EELV bénéficie d'un capital d'image positif majoritaire dans l'opinion, nettement supérieur à la moyenne des autres partis : 55 % des Français et 62 % des moins de 30 ans déclarent faire confiance au mouvement écologiste pour mener une politique de protection de l'environnement. La « marque EELV » permet à cette organisation partisane de capitaliser pleinement sur un effet label lié à sa dénomination.

Pour autant, l'image de ce parti est restée contrastée auprès de la jeunesse. Les différentes polémiques qui ont accompagné les prises de parole de certains maires écologistes nouvellement élus n'ont, sans doute, pas permis au mouvement écologiste d'apparaître comme le vote désirable car inévitable pour connaître un avenir plus soucieux de l'environnement. Ainsi, 1 jeune sur 2 considère que les solutions et propositions défendues par EELV sont irréalistes et 45 % que ce parti est sectaire. Ces perceptions exprimées avec encore plus d'intensité parmi l'ensemble des Français attestent de la difficulté du mouvement écologiste, dans la perspective de la campagne présidentielle, à confirmer sa percée enregistrée aux élections européennes et municipales. Celle-ci aurait pu laisser croire que le parti mené par Yannick Jadot incarnerait naturellement le vote écologique à l'élection présidentielle pour ces jeunes en attente de changement. Elle semble sans lendemain au regard des spécificités du scrutin présidentiel mais également du fait de l'incapacité d'EELV à drainer le vote des jeunes.

Certes, l'électorat jeune a été particulièrement surreprésenté dans le vote écologiste aux différentes élections intermédiaires. Les exemples des municipales sont particulièrement frappants, dans certaines villes les jeunes générations ont nettement contribué au basculement des villes en faveur d'EELV. Mais rappelons aussi qu'à ces dernières élections seul 1 électeur sur 3 âgés de 18 à 35 ans s'est rendu aux urnes. Force est de constater qu'à quelques mois de l'élection présidentielle les intentions de vote chez les jeunes ne plaident pas en faveur d'une vague « verte » qui serait le corollaire d'une adhésion massive et unanime au parti écologiste. En effet, dans le contexte de marasme que connaît la gauche, les différentes intentions de vote (6 % à 8 % selon les configurations testées) laissent à voir un score EELV globalement à peine supérieur à l'étiage du résultat obtenu par Noël Mamère en 2002 ou Benoît Hamon (soutenu par EELV) en 2017.

Ce résultat modeste contraste spectaculairement avec la situation observée en Allemagne où les Grünen semblent aux portes du pouvoir. Une enquête Kantar pour *Bild* réalisée en avril, à cinq mois des élections générales du 26 septembre, indique une avance inédite des Verts allemands sur la CDU (28 % *versus* 27 % des intentions de vote).

Parallèlement, en France, on est frappé, bien que ces études soient réalisées près d'un an avant la présidentielle et que le choix électoral ne soit en rien cristallisé, par l'absence d'un ralliement des jeunes au candidat écologiste. Dans les intentions de vote recueillies par l'IFOP, 8 % seulement des moins de 30 ans déclarent avoir l'intention de voter Yannick Jadot au premier tour de l'élection présidentielle, soit un score similaire à celui de Xavier Bertrand. Dans l'électorat jeune, le candidat EELV apparaît très nettement devancé par Jean-Luc Mélenchon (22 % d'intentions chez les moins de 30 ans), mais aussi très largement par Emmanuel Macron (21 %) ou encore par Marine Le Pen (26 %). Cette adhésion « molle » à EELV, quand bien même ce parti aspire à incarner voire monopoliser l'engagement environnemental et malgré un engagement majeur pour la cause, n'est autre que l'expression d'une forme de distance, et pour certains d'aversion, pour la chose politique. Seule l'action citoyenne constitue pour cette jeunesse la preuve d'un engagement réel et sincère. Car au-delà des acteurs politiques, les jeunes restent encore dubitatifs sur l'action et la prise en compte de ces enjeux par les entreprises.

Si un sondage IFOP[15] montre que pour 85 % des 18-29 ans les entreprises ont une responsabilité importante en la matière, notamment en développant les politiques RSE (Responsabilité sociale et environnementale), 55 % estiment que cet engagement reste une démarche marketing pour s'acheter une image écologique et sociale. Une autre étude menée par Viavoice en mai 2020[16], soit en pleine crise pandémique, montrait qu'une majorité de jeunes Français attendait des entreprises qu'elles fassent évoluer leur communication en faveur d'un discours valorisant leur responsabilité sociale, économique et environnementale. Mais seulement 27 % des 18-24 ans estimaient que la plupart du temps ce type de démarche correspondait vraiment à la réalité de ce que les entreprises faisaient.

15. Enquête IFOP pour *La Tribune*, 1 017 personnes âgées de 18 à 30 ans interrogées en ligne du 2 au 6 octobre 2020, selon la méthode des quotas.
16. Étude Viavoice pour The Good Company, *Communication for Good*, 1 000 personnes interrogées en ligne du 24 au 28 avril 2020, selon la méthode des quotas.

À la différence sans doute de l'évaluation de l'action des politiques, le regard de la jeunesse à l'égard de l'entreprise relève moins d'une défiance avérée que d'une exigence très forte envers les entreprises, dont on attend de plus en plus qu'elles interviennent dans le champ jusqu'alors réservé aux acteurs publics. Car, dans la durée, l'opinion a tendance à faire davantage confiance aux entreprises dans le domaine environnemental, y voyant de plus en plus un levier d'innovation et d'attractivité majeur pour les jeunes talents. En ce sens, les 18-30 ans actuels semblent pour l'instant moins enclins que ceux des générations passées à soupçonner les entreprises de *greenwashing*, critiques en insincérité auparavant systématiques dans le discours des jeunes sur la sphère entrepreneuriale.

L'environnement constitue ainsi l'un des piliers de la mémoire collective de cette jeunesse de France. Bien plus qu'un leitmotiv, l'enjeu écologique apparaît comme le totem d'une jeunesse qui diffuse ses idées dans d'autres couches de la société, qui reprend la main sur son présent et qui veut croire en son avenir. Suivant cette démarche, elle peut générer des frustrations, des confrontations, des accusations contre certains, mais loin de vouloir faire « bande à part », elle est décidée à penser autrement le monde qui vient. L'engagement des jeunes pour l'environnement n'est pas simplement la perception qu'ils peuvent porter sur leurs aînés mais bien plutôt la perception que cette jeunesse porte sur elle-même.

Toutes proportions gardées se fait jour un autre enjeu à l'œuvre dans la vie quotidienne de la jeunesse, sur lequel celle-ci veut avoir son mot à dire et diffuse ouvertement ou à bas bruit ses représentations : le travail.

LES JEUNES SALARIÉS : UNE JEUNESSE HEUREUSE ET DIFFUSIONNISTE

UNE JEUNESSE SALARIÉE HEUREUSE

Les points de vue divergents observés sur les questions sociétales ou sur le rapport à la crise sanitaire que ce soit entre la jeunesse et l'opinion publique commune ou au sein même de la génération des 18-30 ans ne sont plus de mise lorsque l'on s'intéresse aux jeunes salariés. Rappelons d'emblée qu'il ne s'agit bien sûr que d'une fraction à la fois limitée et homogène de cette jeunesse. En effet, dans le contexte du Covid-19, il va de soi que, pour ces 18-30 ans, le fait d'être salarié, à savoir détenir un emploi somme toute stable dans une telle période, a constitué un élément net de différenciation, comparé à d'autres segments jeunes. Les étudiants finançant leurs études via un ou plusieurs petits boulots, les stagiaires voire d'autres catégories d'actifs comme les jeunes en recherche de leur premier emploi n'ont pas pu bénéficier de ce que l'on peut légitimement nommer un filet de sécurité.

Il est néanmoins pertinent de s'arrêter sur la jeunesse salariée : comment ces jeunes exerçant une activité vivent-ils leurs premières années de vie professionnelle ? Que cela nous apprend-il sur leur rapport au travail et à l'entreprise ? Leur statut plutôt protégé conduit-il ces jeunes à des attitudes ou des comportements innovants, susceptibles d'infuser au-delà de leur classe d'âge, voire dans l'ensemble du salariat? Finalement comment cette jeunesse réinvente-t-elle aussi le travail, la perception de l'entreprise pour aujourd'hui et pour demain?

Depuis une vingtaine d'années, l'IFOP réalise une enquête annuelle auprès des salariés français, couvrant différentes dimensions de leur vie professionnelle: leur degré de satisfaction globale et détaillée à l'égard de leur travail, leurs perceptions des relations internes et du management, notamment les relations avec le supérieur hiérarchique direct, ou encore leur jugement sur leur entreprise. Les premières éditions de cette norme de climat social avaient révélé des niveaux de satisfaction le plus souvent inférieurs chez les salariés âgés de moins de 30 ans comparés aux autres. Puis, au tournant des années 2010, l'examen de l'évolution des principaux indicateurs a montré un alignement des tendances observées auprès des plus jeunes salariés, leurs perceptions rejoignant celles de l'ensemble du salariat français.

Sans surprise, la période de crise sanitaire et économique que nous traversons a eu un effet d'amplification de cette tendance. Plus qu'une disparition des clivages générationnels, la dernière livraison de la norme IFOP de climat social[1] donne à voir des jeunes salariés exprimant majoritairement un bonheur professionnel, du moins une satisfaction au travail systématiquement supérieure à celle de leurs aînés. L'indicateur global de satisfaction à l'égard de la situation professionnelle s'établit à 80% chez les salariés de moins de 30 ans contre 76% en moyenne. La part des jeunes «très

1. Norme IFOP 2020 de climat social, 1013 salariés, représentatifs des salariés français, interrogés en ligne du 21 au 23 septembre 2020, selon la méthode des quotas.

satisfaits » atteint presque un quart (23 %) et dépasse de 6 points celle observée globalement dans le salariat.

Question : Pour chacun des aspects suivants de votre vie professionnelle, diriez-vous que vous en êtes satisfait ou pas satisfait ?

Récapitulatif : Total Satisfait

Total Satisfait	Ensemble des Français	18-30 ans
	(%)	(%)
Le niveau d'autonomie dans votre travail	87	88
L'intérêt de votre travail	79	75
Le contenu de votre travail	79	77
La clarté des missions/tâches qui vous sont confiées	78	81
L'équilibre entre votre vie professionnelle et votre vie personnelle	77	79
L'ambiance au travail	75	**83**
Vos conditions matérielles de travail	75	72
L'environnement sonore (absence de bruit et de nuisances sonores)	67	**71**
Vos possibilités de formation	60	64
Les formations que vous recevez dans votre travail	60	**62**
L'accompagnement dans la gestion de votre travail	56	**62**
Votre rémunération	52	**54**
Vos possibilités d'évolution professionnelle	49	**56**

L'analyse des diverses dimensions intervenant dans la construction de la satisfaction au travail confirme, voire accentue cet hiatus. Sur 13 aspects testés, le degré de satisfaction des moins de 30 ans s'avère plus élevé que la moyenne sur 10 thèmes. Plus significatif encore, s'agissant des salariés « très satisfaits », les jeunes expriment une intensité de jugements systématiquement supérieure à celle des autres salariés.

Deux points méritent d'être soulignés. D'une part, les écarts les plus significatifs en faveur des jeunes salariés concernent des dimensions périphériques au travail, quand bien même, on le verra, celles-ci sont jugées essentielles comme critères de choix d'une entreprise. Il s'agit de l'équilibre entre vie professionnelle et vie personnelle (8 points d'écart sur le « très satisfait ») ou l'ambiance de travail (8 points voire 10 points observés sur le « très satisfait »). À l'inverse, les aspects davantage liés au contenu du travail qui bénéficient de l'évaluation la plus positive ne révèlent pas de différences particulières entre générations. D'autre part, le degré de satisfaction des jeunes salariés apparaît comme le plus élevé sur les dimensions liées aux perspectives de carrière où traditionnellement le salariat se montre le plus exigeant, voire mécontent. C'est le cas de l'accompagnement dans la gestion de son parcours professionnel (62 % de satisfaits, 6 points de plus que la moyenne) et les possibilités d'évolution professionnelle qui, à la différence des salariés dans leur ensemble, fait l'objet de jugements majoritairement favorables (56 % *versus* 49 % en moyenne). Cet écart significatif sur ce dernier aspect n'est absolument pas anodin, dans la mesure où on sait que l'insatisfaction liée aux perspectives d'évolution de carrière est le plus souvent corrélée à une baisse de la motivation dans le travail. En outre, en dépit de l'importance des écarts de salaire entre les nouveaux entrants sur le marché du travail et les salariés détenant davantage d'ancienneté, les jeunes salariés expriment une satisfaction un peu supérieure à celle de leurs aînés sur leur rémunération (54 % contre 52 %).

Par ailleurs, cette évaluation très positive par les salariés de moins de 30 ans de leur situation professionnelle se voit renforcée par un fort degré d'engagement à l'égard de leur entreprise. Les indicateurs de la norme IFOP de climat social dépeignent une jeunesse salariée le plus souvent attachée à son entreprise et construisant un processus d'identification avec celle-ci. Pour autant, ce fait ne vient pas contrecarrer les désirs de mobilité qui font partie de l'ADN des salariés les plus jeunes, comme nous le verrons dans un instant. Car si le rapport d'attachement et de fidélité à l'entreprise est parfois circonscrit dans le temps, il est réel. En attestent les résultats constatés sur les quatre indicateurs de référence permettant de mesurer le degré d'engagement.

Question : Diriez-vous que... ?

Récapitulatif : Total Oui

Total Oui	**Ensemble des Français**	**18-30 ans**
	(%)	(%)
Vous vous sentez bien intégré au sein de votre entreprise	87	88
Vous avez le sentiment de faire un travail utile	85	83
Vous êtes fier d'appartenir à votre entreprise	74	76
Vous êtes motivé dans le cadre de votre travail	72	73
Votre charge de travail est adaptée à votre temps de travail	70	70
Vous recommanderiez à l'un de vos proches de venir travailler dans votre entreprise/organisation	62	66
Votre travail est reconnu à sa juste valeur par votre entreprise/organisation	55	55

En premier lieu, 76 % des salariés de moins de 30 ans se déclarent fiers d'appartenir à leur entreprise, dont 28 % se disant très fiers. Là aussi, la fierté éprouvée dépasse la moyenne du salariat (74 %, dont 22 %). En outre, 77 % se définissent comme motivés dans le cadre de leur travail (72 % en moyenne). Plus marquant encore, deux tiers de ces jeunes salariés recommanderaient à un de leurs proches de venir travailler dans leur entreprise, soit 4 points de plus que l'ensemble des salariés (8 points de plus sur la réponse « oui, tout à fait »). Ce résultat est particulièrement symptomatique du lien solide entretenu par ces salariés avec leur entreprise. En effet, utilisée en marketing pour évaluer le potentiel d'une marque, la recommandation est plus impliquante que la simple bonne opinion, dans la mesure où elle met, en quelque sorte, en jeu sa propre responsabilité. Le dernier indicateur d'engagement concerne l'optimisme, et une fois encore la projection des salariés de moins de 30 ans dépasse celle de leurs aînés. Près de trois quarts des jeunes se déclarent optimistes quant à leur avenir professionnel (73 %), soit 8 points de plus que la moyenne. L'écart d'optimisme entre les moins de 30 ans et les autres salariés ne se dément pas, que ce soit sur l'avenir de leur secteur d'activité (78 %, soit 7 points de plus) ou sur celui de leur entreprise (72 % *versus* 68 % au global).

Notons, au-delà des différences observées entre générations de salariés, la permanence d'un optimisme propre au salariat, et ce, en dépit de la crise économique liée au Covid-19. Tout se passe comme si cette crise réelle, mais dont les effets sont amoindris par les mesures initiées par les pouvoirs publics comme le chômage partiel, n'affectait pas l'ensemble de ces perceptions favorables exprimées spécifiquement par les jeunes salariés. Aussi doit-on s'interroger sur les facteurs explicatifs de cette vision d'ensemble positive, pour ne pas dire idyllique, dont font part les salariés de moins de 30 ans à l'égard de leur situation professionnelle.

Bien évidemment, la dimension conjoncturelle liée à la pandémie joue à plein. Les jeunes salariés se vivent comme étant le plus souvent « tombés » du bon côté de la jeunesse. Comme le déclarait à *L'Express* le sondeur Romain Bendavid : « Chez les jeunes, la crise actuelle ne fait que renforcer le clivage entre les "insiders" et les "outsiders". On a, d'un côté, ceux qui ont réussi à s'insérer, avec un emploi relativement stable (CDI ou au pire CDD) et qui mesurent la sécurité dans laquelle ils se trouvent et, de l'autre, ceux qui n'y sont pas. » Cette distinction peut-être désormais plus importante que l'origine sociale est d'autant plus notable que ces jeunes insérés dans la vie active l'ont pleinement intégrée. Ceux-ci ne doivent en effet pas manquer de côtoyer dans leur quotidien beaucoup de leurs pairs – en cours d'études, enchaînant des emplois précaires, petits auto-entrepreneurs ou en recherche d'emploi – *outsiders*, dépourvus de cette protection. Ces jeunes salariés sont très faiblement représentés parmi les segments de la jeunesse précarisés que notre enquête Nouvelle Vague avait mis en exergue. D'ailleurs, une écrasante majorité d'entre eux, interrogés au cœur du troisième confinement[2], font part d'un sentiment d'optimisme pour leur situation professionnelle (80 %), soit un niveau encore supérieur

2. Enquête IFOP pour *L'Express*, 1 002 personnes âgées de 18 à 24 ans, échantillon représentatif de la population française. Cet indicateur sur l'optimisme a été administré aux seuls actifs.

à celui mesuré en septembre 2020 dans le cadre de la norme IFOP (73 %).

Pour autant, l'épisode Covid-19 n'explique pas à lui tout seul ce bien-être des jeunes salariés. Celui-ci s'inscrit en toile de fond dans ce rapport désormais dépassionné à l'égard de l'entreprise[3]. Les 18-30 ans, à l'instar du salariat, se sont affranchis, on l'a vu précédemment en examinant leurs systèmes de valeurs, des stéréotypes, notamment idéologiques, à l'égard des structures entrepreneuriales. Mais là également, le facteur Covid a cristallisé les points de vue, en particulier en solidifiant le lien qui unit les salariés à leur entreprise malgré ou plutôt du fait des bouleversements occasionnés par la crise. Ainsi, en octobre 2020, trois quarts des salariés, quelle que soit leur génération, déclarent avoir une bonne opinion de leur entreprise, un score massif en hausse par rapport à l'étiage des années précédentes. Ce regard positif repose sur la confiance des salariés envers leur employeur pour surmonter les défis de la crise sanitaire. Dans ce cadre, réalisée au cœur du deuxième confinement, une enquête[4] montrait que la très grande majorité des jeunes salariés manifestaient leur confiance à l'égard de leur entreprise, que ce soit pour préserver l'emploi (78 %, dont 32 % de tout à fait confiants *versus* 74 % de globalement confiants, en moyenne dans le salariat) ou adapter l'organisation du travail au contexte sanitaire (74 %). Sur ce sujet, de nombreuses études d'opinion quantitatives et qualitatives ont démontré l'importance des enjeux de communication interne qui ont su

3. Voir le chapitre sur les valeurs.
4. IFOP pour Sciaci Saint-Honoré et Wittyfit, 1 006 personnes interrogées en ligne du 17 au 22 novembre 2020, échantillon représentatif de la population salariée.

se réinventer et donner corps à l'idée d'une « entreprise providence ». La période inédite a également rappelé le vécu « commun » qu'une entreprise constitue, rassemblant une communauté humaine au « destin commun » face à des événements impromptus, bouleversants. Nous verrons que cette période a amplifié les spécificités de la vision que les jeunes ont de l'entreprise.

Dans ce contexte troublé, l'entreprise a pu apparaître à une majorité de jeunes salariés comme un cadre sécurisé, un lieu propice à leur épanouissement. Parallèlement, cette confiance renforcée à l'égard de l'entreprise se nourrit d'un rapport spécifique au travail qu'expriment ces jeunes salariés. Invités à associer des mots en pensant à leur travail, ces salariés évoquent des termes systématiquement valorisants avec en tête de leurs représentations le mot « plaisir » (29 %), qui devance celui de « fierté[5] » (21 %). Notons qu'auprès de l'ensemble du salariat, ces termes de « plaisir » et/ou de « fierté » n'émergent qu'à hauteur de 30 %, soit 20 points de moins. La représentation du travail sous l'angle de la contrainte n'est mentionnée que par moins de 1 jeune sur 10 (8 %). Nous verrons ultérieurement que cet épanouissement des jeunes à l'égard de leur travail résulte de leur degré d'exigence envers l'entreprise.

Ces connotations positives liées au travail pourraient surprendre venant de la jeunesse. Ce travail-plaisir s'inscrit en effet en rupture avec un imaginaire français sur le travail rattaché à la contrainte ou à l'aliénation avec des travailleurs le plus souvent victimisés. Dans *Les Misérables*, Victor Hugo, à travers le Jean Valjean de

5. Viennent ensuite à égalité de citations (20 %), l'association du travail à une sécurité et à une routine.

l'époque du bagne, définit « travailler » comme le fait d'« aller à la fatigue ». Quant à Renaud, le « chanteur énervant », auteur, compositeur et interprète de « La Bande à Lucien », « Oscar » ou encore « Son bleu », raconte le travail peu gratifiant et ennuyeux ou la fin de carrière pathétique de salariés ayant tout donné à leur travail sans recevoir de reconnaissance patronale ou de gratifications sociales.

Bien évidemment, ce travail appréhendé le plus souvent sous l'angle de la fierté et du plaisir ne doit pas occulter les situations de frustration voire de souffrance éprouvées çà et là par de jeunes salariés – des situations réelles que des enquêtes d'opinion par nature globalisantes ne peuvent qu'imparfaitement restituer.

Il n'en reste pas moins que la période récente a accéléré la mutation de la vision du travail à l'œuvre dans cette jeunesse insérée professionnellement. De moins en moins perçu comme une contrainte, le travail s'inscrit, avec ses représentations induites, de plus en plus nettement dans des attentes d'utilité ou de quête de sens. Ces dernières conduisent à ce qu'une part croissante de la jeunesse projette sur son travail des aspirations et des demandes inédites, en tout cas bien différentes de celles des jeunesses passées. Ces éléments portent en germe une double conséquence : cette jeunesse heureuse n'en demeure pas moins exigeante à l'égard de la sphère professionnelle, et, sans doute du fait même de son bien-être au travail, vit une certaine synergie ou du moins une perméabilité entre univers professionnel et personnel.

LES « AVANT-GARDISTES » DE L'ÉQUILIBRE VIE PROFESSIONNELLE-VIE PERSONNELLE

Parallèlement aux regards sur leur situation professionnelle et sur leur entreprise, s'intéresser à ce segment des jeunes salariés, c'est enfin inscrire plus globalement leur rapport au travail dans leur vie. Il s'agit plus précisément de s'arrêter sur la façon dont ces jeunes articulent plus ou moins harmonieusement les sphères professionnelles et personnelles.

Cette question que l'explosion du recours au télétravail issue de la crise a transformée en enjeu majeur pour une fraction très importante du salariat, notamment les cadres, se trouve au cœur des préoccupations. À titre d'exemple, la possibilité de concilier vie privée et vie professionnelle émergeait en tête avec 54 % de citations[6] des dimensions jugées les plus importantes dans un horizon de cinq ans. Et pourtant, force est de constater que les jeunes salariés bousculent voire changent profondément les règles du jeu en la matière.

Ce bouleversement de l'équilibre vie professionnelle-vie personnelle dans la période récente a fait l'objet d'un processus d'adaptation rapide de la part de cette jeunesse salariée. Et ce d'autant plus que, dans le monde d'avant, celle-ci apparaissait plus ouverte que ses aînés à des accommodements à l'égard du « dogme » de l'étanchéité absolue entre les sphères du travail et de la vie personnelle. Certes, des enquêtes réalisées antérieurement à la

---

6. Sondage IFOP pour Freelance.com, 1 004 personnes représentatives de la population cadre du privé, âgées de plus de 18 ans, interrogées en ligne du 21 au 28 décembre 2020.

période Covid-19 avaient montré que les jeunes générations étaient sensibles à l'empiétement du travail sur leur vie privée. Plus de deux tiers des salariés de moins de 30 ans (68 %), interrogés dans le cadre d'une des vagues d'enquête du baromètre IFOP/WorkPlace[7], réalisée en 2018, déclaraient que « le fait de recevoir des messages ou d'échanger avec des contacts professionnels en dehors des horaires de bureaux les stressait ».

Cette part s'avérait même supérieure de 16 points au résultat observé auprès des salariés de plus de 35 ans. D'ailleurs, invités à indiquer la mesure pour laquelle ils éprouvent le plus fort attachement[8], les cadres de moins de 30 ans mentionnent d'abord la reconnaissance du droit à la déconnexion. Pour autant, ce stress ne doit pas être assimilé à un refus des jeunes salariés d'interagir et de peser sur l'équilibre vie professionnelle-vie personnelle. Le ressenti de ce stress provenait sans doute du sentiment que cet empiétement sur la vie privée leur était imposé. Au contraire, dans cette France du salariat, bouleversée par les impacts de la crise sanitaire, beaucoup de signes révèlent la fin de l'étanchéité des deux univers « pro et perso ». Se fait jour en effet une porosité croissante, parfaitement intériorisée pour ne pas dire voulue par les jeunes.

Ces derniers, à travers leurs comportements et leurs pratiques, bousculent les repères traditionnels des autres salariés et se révèlent même avant-gardistes. La dernière

---

7. WorkPlace, IFOP pour Société Foncière Lyonnaise, 1 922 salariés franciliens d'entreprise de plus de 10 salariés, interrogés en ligne du 26 janvier au 11 février 2018.
8. *Ibid.*

livraison du baromètre WorkPlace[9] a mis en lumière toute une série de signes attestant de l'indifférenciation croissante entre les deux univers. Ces signes frappent d'ailleurs par leur hétérogénéité.

C'est d'abord le rapport à autrui qui est concerné. En effet, signe très symbolique d'une forme de confusion entre les frontières du monde du travail et de la sphère privée, une majorité de jeunes salariés (55 % chez les 25-30 ans, 53 % parmi les 30-35 ans) considèrent que leurs collègues sont aussi leurs amis, soit un résultat près de deux fois plus élevé que celui observé chez les plus de 50 ans (29 %).

« Mes collègues sont aussi mes amis. »

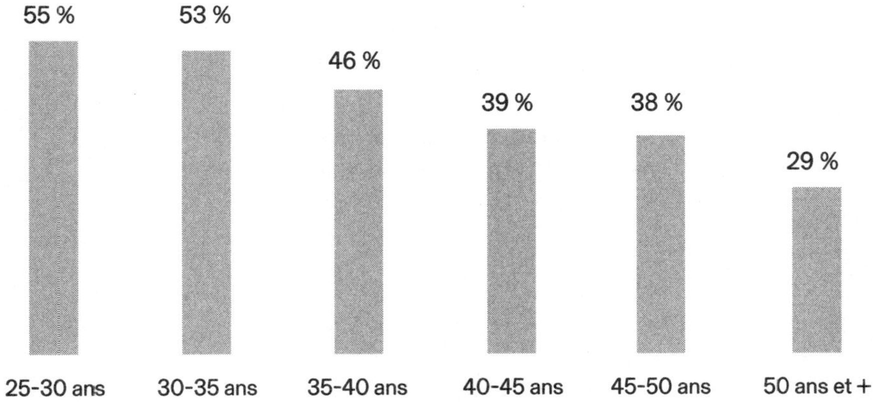

Source : Workplace, IFOP pour SFL.

Dans leur quête de sociabilité, les jeunes salariés n'hésitent donc pas à franchir ce Rubicon : leurs collègues sont

9. WorkPlace, IFOP pour la Société foncière lyonnaise, 3 000 salariés travaillant dans un bureau, interrogés en ligne (1 500 en février 2020, avant le premier confinement, 1 500 en septembre 2020, après ce premier confinement).

leurs amis. Le confinement a accentué une tendance à l'œuvre depuis des années, à savoir le rôle social de l'entreprise. Avant le confinement, les salariés, et en particulier les plus jeunes, déclaraient venir au bureau ou à l'usine pour la vie sociale avec leurs collègues à 47 %. Ce chiffre culmine à 55 % après le confinement.

Figure ensuite la proximité entre son lieu de travail et son domicile, qui tend à constituer une attente à part entière des jeunes salariés. Ces derniers souhaitent travailler près de chez eux et tendent à privilégier des lieux de travail adaptés ; 27 % des salariés de moins de 35 ans considèrent avoir choisi leur lieu de travail en fonction de leur lieu de résidence, soit 11 points de plus que les salariés de plus de 50 ans. Cette localisation près de son domicile fait désormais partie chez les jeunes du « package » au moment de choisir un emploi.

« J'accepterais une baisse de salaire de 5 %
pour pouvoir travailler à moins de 20 minutes de chez moi. »

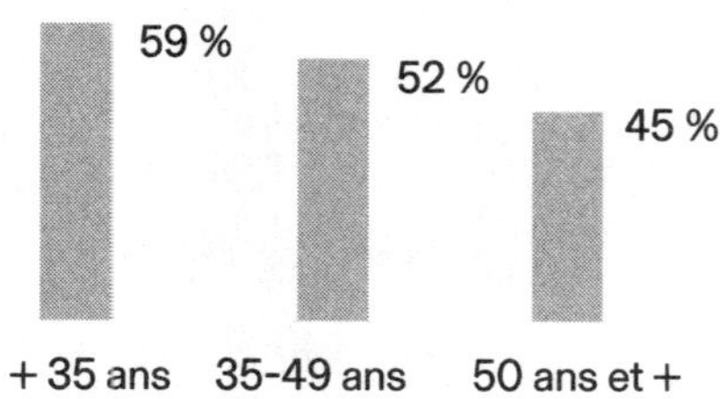

Source : Workplace, IFOP pour SFL.

Plus spectaculaire encore, une nette majorité (59 %) accepterait une baisse de salaire de 5 % pour pouvoir travailler à moins de 20 minutes de chez eux. Ce sacrifice accepté d'une partie de sa rémunération est d'autant plus marquant que les jeunes ont en moyenne des salaires plus faibles que leurs aînés. Ensuite, cette nouvelle géographie du travail, à l'œuvre chez beaucoup de jeunes salariés, recèle une fonction précise, à savoir faire davantage coïncider les sphères professionnelle et personnelle, le rapprochement entre le lieu de travail et le domicile permettant de passer plus rapidement de l'une à l'autre. Loin de considérer l'entreprise comme un lieu clos et distinct des autres dimensions de leur vie, les jeunes n'hésitent pas, à la différence de leurs aînés, à y ouvrir portes et fenêtres ; 58 % des salariés de moins de 35 ans reconnaissent qu'il leur arrive de s'absenter au cours de leur journée de travail pour faire une course. La part de jeunes salariés est moins élevée mais non négligeable s'agissant d'aller à un rendez-vous médical (39 %), d'honorer un rendez-vous personnel (39 % également) ou d'effectuer un aller-retour à leur domicile (32 %).

Sortir de son lieu de travail pendant la journée est devenu pour ces jeunes salariés une nouvelle norme. Notons à cet égard que ces comportements adoptés récemment font tache d'huile et donnent à voir une jeunesse diffusionniste, susceptible d'influencer les pratiques des autres générations. Quitter son lieu de travail pour différentes actions relevant de sa vie personnelle concerne nombre de salariés de 35 à 49 ans (aller faire une course : 53 %, honorer un rendez-vous personnel : 35 %), voire de plus de 50 ans (aller à un rendez-vous médical ou honorer un rendez-vous personnel : 31 %), segment pourtant le plus nourri au cours de sa carrière par l'étanchéité des sphères professionnelle et personnelle.

Passant de l'une à l'autre, la jeunesse brouille les espaces et réinvente les temporalités de l'expérience du quotidien. Les expériences de vie s'interpénètrent. Ces pratiques révèlent une singularité forte de cette tranche de la population. De cette mutation (visible à travers ces diverses manifestations) découle un triple effet sur lequel le rôle d'impulsion des jeunes salariés est également central.

« Le quartier de travail a été important dans le choix de rejoindre mon entreprise. »

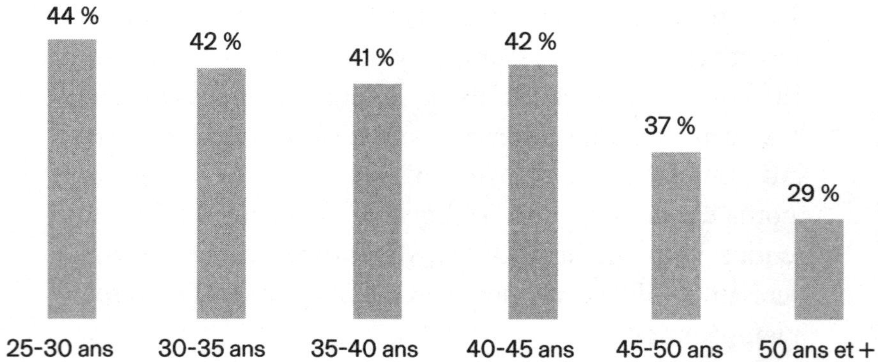

Source : Workplace, IFOP pour SFL.

D'une part, le choix du lieu de travail s'inscrit plus largement dans le choix d'un quartier. À cet égard, 44 % des salariés âgés de moins de 30 ans estiment que le quartier de travail a été important dans le choix de rejoindre leur entreprise, alors que respectivement 37 % des 45-50 ans et 29 % des plus de 50 ans partagent cet avis. Ces jeunes s'avèrent particulièrement attentifs à leur quartier de travail, sans doute parce qu'ils ne vivent pas tout à fait leur journée de travail comme les autres, notamment en s'autorisant des escapades relevant de la vie personnelle. D'autre part, la fonction sociale de ce quartier est également fortement investie : 43 % des moins de 35 ans déclarent boire régulièrement des verres avec leurs collègues dans le quartier de leur entreprise *versus* à peine un quart des plus de 50 ans. Ce point n'est absolument pas anodin lorsqu'on l'inscrit dans cette tendance à l'homogénéisation de la vie professionnelle et personnelle impulsée par les jeunes générations. Il vient en outre éclairer la représentation précédente relative aux collègues perçus comme des amis.

Enfin, de nombreuses activités auparavant réalisées dans son quartier d'habitation basculent vers le quartier de son entreprise ; 64 % des moins de 35 ans préfèrent recevoir un colis dans leur quartier de bureau (contre 32 % chez les plus de 50 ans), 57 % y avoir une consultation médicale, 52 % y faire du sport. C'est donc une logique « servicielle » autour de l'entreprise qui s'organise sous la houlette des plus jeunes salariés qui, à l'instar de leur vie personnelle, « consomment » dans le cadre de leur environnement de travail, que ce soit l'entreprise ou le quartier.

La question de la diffusion de ces nouvelles pratiques impulsées par la jeunesse se pose avec acuité. La dimension servicielle du lieu de travail semble par exemple moins fortement intéresser les salariés de 35 à 49 ans et surtout ceux de 50 ans[10]. Pour autant, les jeunes parviennent par petites touches à bousculer les repères traditionnels des autres salariés et, à travers leurs comportements et pratiques professionnelles spécifiques, sont susceptibles d'impacter la vision du travail des salariés français.

Et que dire du télétravail dans tout cela ? Sur le papier, il aurait dû apparaître pour les jeunes salariés concernés comme un formidable allié permettant d'amplifier cette confusion entre sphère professionnelle et sphère privée.

---

10. À titre d'exemple, seuls 42 % des 35-49 ans préféreraient recevoir des colis sur leur lieu de travail, 40 % des plus de 50 ans y faire du sport.

En outre, l'appétence au télétravail était une demande qui préexistait à la crise sanitaire, notamment dans la jeunesse. Mais alors que plus des trois quarts des jeunes salariés pronostiquent que dans peu de temps les salariés comme eux travailleront davantage en télétravail qu'au bureau, ils ne sont que 37 % à le souhaiter pour eux-mêmes. En effet, pour ces jeunes salariés, le télétravail quand, dans une logique de basculement, il est pratiqué trois, quatre voire tous les jours de la semaine s'apparente à un « poison délicieux ». Séduisant sur le principe, l'isolement auquel le télétravail conduit prive ces jeunes actifs du sel de leur rapport au travail : le collectif, cette sociabilité avec leurs collègues-amis. Et pour eux, ces relations sociales « physiques » ne sont pas optionnelles mais sont tout simplement vitales.

UNE VISION EXIGEANTE DE L'ENTREPRISE

Nous l'avons vu, la jeune génération de salariés dresse un constat plutôt positif et heureux du monde du travail. Loin d'une image surannée dont ces jeunes ne parviendraient pas à s'approprier, la centralité de la notion même de travail n'est pas délégitimée. Mais cette vision et ce sentiment d'épanouissement ne doivent pas faire oublier deux éléments essentiels dans l'analyse de l'opinion auprès de ce public. Premièrement, la jeunesse face au travail est très loin de constituer un bloc monolithique, aux perceptions uniformes. Les expériences sont singulières, les aspirations également, nous le verrons. Deuxièmement, cette expérience du travail révèle surtout une vision propre à la jeune génération, ce qui vient alimenter l'idée d'une jeunesse qui influence son monde et contribue à redéfinir les contours du travail et de la vie en entreprise.

En dépit de la pandémie mondiale qui a bouleversé les quotidiens, force est de constater que la place du travail dans cette génération n'est en rien remise en cause. Ce n'est donc pas son rôle central dans l'émancipation de chacun qui importe mais l'exigence qu'on lui porte qui évolue et influence les composantes qui feront l'entreprise de demain. Quelle est aujourd'hui l'image du travail et du monde de l'entreprise ? Quels sont les points de singularité de cette jeunesse vis-à-vis des autres générations de salariés ?

Un premier élément frappant issu des études d'opinion tient à la vision du travail portée par ces jeunes qui considèrent l'entreprise comme une réelle communauté « humaine » bien plus que comme un agrégat de compétences. Cette perception va influencer la manière dont ils auront à exprimer leurs exigences envers leurs futurs employeurs, mais aussi leur manière de travailler. Sur ce dernier point, on assiste déjà à une expérience légèrement différente entre les jeunes et leurs aînés. En effet, en 2021, si 76 % des Français disent travailler très souvent ou assez souvent avec d'autres personnes, ils sont 87 % des 25-34 ans à l'affirmer, soit une différence de 11 points[11]. Cette expérience du travail « collectif » peut bien sûr s'expliquer par les postes occupés à l'entrée dans la vie active, plus propices à travailler en « mode projet », mais l'impact de cette expérience du « commun » constitue une véritable attente pour les jeunes. La vision de leur propre mission

11. Observatoire des identités Viavoice pour *Usbek & Rica*, 1000 Français âgés de 18 ans et plus, septembre 2021.

en est ainsi influencée. Dans la même étude, seuls 47 % des Français actifs considèrent que, dans leur travail, ils ont le sentiment de s'engager dans un projet collectif, alors que les 25-34 ans sont 57 % à exprimer cette pensée, soit là encore un différentiel de 10 points avec la moyenne des Français. Premier élément essentiel à relever : pour les travailleurs les plus jeunes, le « travail, c'est les autres ! ».

Une tendance apparaît à travers les différentes études menées auprès des jeunes salariés : l'entreprise devient le lieu privilégié de l'expression de ses valeurs personnelles et de son engagement. Une enquête de Viavoice pour le cabinet Mazars[12], analysant le visage de « l'entreprise de demain », montre que les jeunes attendent bien plus que la moyenne que l'entreprise incarne certaines valeurs liées notamment à l'aspect collectif et humain du travail. En effet, après cette période qui a rebattu un certain nombre de cartes et déstabilisé en profondeur le monde du travail, 43 % des 25-34 ans souhaitent que les entreprises incarnent d'abord la « solidarité », contre 36 % pour l'ensemble des salariés. De plus, 33 % de ces jeunes salariés attendent que l'entreprise soit porteuse de « bienveillance », contre 26 % en moyenne.

Solidarité et bienveillance illustrent parfaitement l'importance des liens sociaux à l'intérieur des entreprises, lesquelles deviennent ainsi la pierre angulaire de toute émancipation professionnelle. À l'inverse, les mots tels que « rigueur » ou encore « créativité » sont bien moins cités par les jeunes salariés. Par cette vision, les jeunes

12. Étude Viavoice en collaboration avec Freethinking pour Mazars, Le Visage de l'entreprise de demain, 2 000 Français âgés de 18 ans et plus, avril 2021.

témoignent de plus en plus d'une exigence qu'ils trouvent légitime envers les entreprises, devenues ainsi le lieu d'un « progrès collectif ». Ces exigences se déploient à plusieurs niveaux.

D'abord du point de vue de l'entreprise, de ses missions et de son engagement. Nous l'avons entrevu, l'entreprise devient l'acteur entendu et attendu sur un ensemble de domaines et d'enjeux. Nous l'avons longuement abordé à propos de la question environnementale par exemple, où l'action de l'entreprise reste la condition nécessaire à toute évolution de la situation mais est créditée également d'une capacité d'action supérieure à beaucoup d'acteurs comme les pouvoirs publics. En 2021, 85 %[13] des 25-34 ans considéraient que l'entreprise était légitime pour s'engager en faveur de l'environnement (86 % pour l'ensemble des Français) tout comme pour agir en faveur de la réduction des inégalités pour 76 %, autant que le grand public.

Sur les attentes exprimées envers l'entreprise de demain, plus engagée, plus incluse dans la société, les jeunes Français sont en phase avec l'ensemble de l'opinion. On retrouve ici ce rapprochement des « valeurs » que nous avions évoqué précédemment. Dès lors, l'importance de la responsabilité sociale et environnementale de l'entreprise n'est plus à démontrer et les jeunes épousent très clairement la tendance qui « engage les entreprises à s'engager ». Mais plus que cela, l'indexation de ces éléments à la marque employeur, à l'attractivité des entreprises, fait de cette génération un leader qui pousse de plus en plus les entreprises à prendre en compte ces nouvelles attentes et à se saisir de ces nouvelles prérogatives. Cela bouleverse, par

13. *Ibid.*

ailleurs, leur rôle et, par conséquent, leur organisation du travail et leur culture managériale. L'entreprise au service de soi réinvente le soi au service de l'entreprise.

La crise a amplifié ce mouvement : le regard des Français dans leur ensemble a évolué pendant cette période. Aux yeux des salariés, l'utilité sociale de leur entreprise est devenue un réel facteur d'appartenance. Ils sont dans leur très large majorité convaincus de l'importance du rôle joué par leur entreprise dans la société. Selon l'édition d'avril 2021 du Tableau de bord de la transformation des entreprises, réalisée par l'IFOP pour No Com[14], 87 % des salariés considèrent que leur entreprise, au-delà de son activité économique, joue un rôle important au sein de la société. Ce chiffre est de 72 % chez les moins de 30 ans, signe de la méfiance et des progrès restant encore à accomplir sur cet enjeu.

Le second niveau auquel se déploie l'exigence exprimée par ces jeunes sur l'entreprise porte sur la « vie au travail ». Le travail est non seulement un espace qui voit sa délimitation de plus en plus étendue et mobile, mouvement accentué par la pratique du télétravail, mais aussi un temps défini qui, lui aussi, s'étend et se déplace. Il est frappant de voir que le partage des temps de vie, pro et perso, est redéfini par les jeunes salariés français. Ce temps du travail dans l'espace que constitue l'entreprise est perçu, on l'a dit, comme un lieu « du commun ». On y partage le travail, mais aussi les valeurs, les engagements. Les « autres » sont une condition essentielle à toute émancipation

14. IFOP pour No Com, Tableau de bord de la transformation des entreprises, 1 002 personnes, échantillon représentatif de la population salariée de plus de 500 salariés, interrogées en ligne du 2 au 9 février 2021.

professionnelle pour les jeunes. L'espace du travail reste considéré par les jeunes salariés, bien davantage que par leurs aînés, comme un lieu de rencontre amicale. Après la volonté de « gagner plus » (51 % contre 60 % parmi les jeunes cadres), l'attente prioritaire en cas de changement d'emploi reste l'ambiance de travail pour 42 % des cadres[15] et 51 % des cadres de moins de 30 ans, selon une étude Cadremploi menée par l'IFOP.

Cette importance accordée à l'ambiance de travail ne revêt pas seulement un caractère secondaire ou anecdotique, elle illustre la vision que les jeunes salariés ont de l'entreprise aujourd'hui et de leur travail comme « communauté humaine, communauté de valeur ». De là découle l'importance de l'enjeu installé depuis quelques années du « bien-être » au travail.

En effet, l'entreprise est devenue un acteur enjoint de s'engager activement non plus seulement dans la protection de la santé de ses salariés mais dans l'amélioration de celle-ci. C'est désormais un acteur qui a la capacité d'agir pour la santé de ses salariés, laquelle est en outre entendue au sens très large. Dans ce domaine, il est clair qu'on attend des entreprises qu'elles dépassent leurs prérogatives classiques et leurs missions premières. Installée depuis quelques années, la question du bien-être au travail en représente une parfaite illustration. La norme IFOP menée en 2021 montre que si 57 %[16] des salariés français considèrent comme prioritaire le bien-être au travail

15. Étude IFOP pour Cadremploi, 1 000 cadres français, échantillon représentatif des cadres salariés, interrogés en ligne du 15 au 22 février 2019.
16. Norme IFOP 2020 de climat social, déjà citée.

au sein de leur entreprise ou organisme employeur, les 18-30 ans sont quant à eux 65 % à l'estimer prioritaire. Sur les scores des « tout à fait prioritaire », les écarts se confirment là aussi puisqu'il y a une différence de 6 points (21 % contre 15 %).

L'exigence portée par les Français en termes de préservation de la santé et du bien-être des salariés est amplifiée par la redéfinition du cadre du travail qui a lieu à l'issue de la crise pandémique. L'étude Viavoice pour Mazars le montre également et complète ces premières tendances. Un an après le début de la crise sanitaire, 41 %[17] des Français âgés de 25 à 34 ans considèrent qu'à l'issue de cette crise les entreprises devront, prioritairement, s'impliquer davantage dans la santé et le bien-être des salariés (santé physique, psychologique, estime de soi, sentiment d'être utile...). Mais l'exigence des jeunes salariés ne s'arrête pas là. Au-delà du cadre de travail, la quête de « sens » ne cesse d'agiter les débats et de s'inscrire comme critère essentiel et déterminant dans le choix de ces jeunes actifs.

Un des indicateurs intéressants à apprécier renvoie au sentiment d'ennui au travail. Il s'avère particulièrement frappant de constater que la sensation d'ennui marque les plus jeunes. Selon l'étude IFOP pour Paris WorkPlace[18], 34 % des moins de 35 ans déclaraient avoir souvent le sentiment de s'ennuyer au cours d'une journée de travail. En comparaison, ils ne sont que 20 % chez les 35-49 ans et à peine 12 % chez les plus de 50 ans. Ces tendances sont marquantes car elles interrogent tout à fois sur la

17. Étude Viavoice en collaboration avec Freethinking pour Mazars, Le Visage de l'entreprise de demain, déjà citée.
18. WorkPlace, IFOP pour la Société foncière lyonnaise, 3 000 salariés travaillant dans un bureau, déjà cité.

place des jeunes dans l'entreprise, notamment au début de la carrière, et sur l'exigence toujours aussi grande qu'ils accordent au contenu de leur mission. Ces tendances ne sont pas nouvelles mais s'installent très fortement depuis ces dernières années. En 2019 déjà, un an avant la crise pandémique, des critères de choix autre que celui du salaire émergeaient déjà. Selon une étude menée par Viavoice auprès de jeunes âgés de 18 à 30 ans, 47 %[19] d'entre eux étaient d'accord pour dire que « pour choisir un travail, le salaire n'est pas le plus important : vous préférez un poste qui vous intéresse même s'il est mal payé qu'un poste qui ne vous intéresse pas et qui est bien payé » ; 41 % d'entre eux pensaient l'inverse.

En regard de ces tendances globales, une autre singularité est exprimée par les jeunes salariés. Plus exigeants envers leurs entreprises, ils sont aussi plus mobiles. Selon l'étude Cadremploi menée par l'IFOP, alors que 35 %[20] des cadres déclarent souhaiter rester dans leur entreprise, ils ne sont que 27 % des jeunes cadres à l'exprimer. Dans le même temps, près de 4 jeunes cadres sur 10 se disent ouverts à de nouvelles opportunités d'emploi. Ainsi, nous sommes face à un attachement assez transitoire à l'entreprise, l'appréhension de la carrière se fait de manière entièrement dynamique. Cette jeune génération de cadres a appris autant à entrer dans l'entreprise qu'à en sortir.

D'ailleurs, les plus jeunes (notamment les jeunes cadres français) se montrent bien plus enclins à quitter le modèle

19. Étude Viavoice pour Manpower, Portrait de la jeunesse au travail et dans la société, échantillon représentatif de 1 000 jeunes de 18 à 30 ans, janvier 2019.
20. Étude IFOP pour Cadremploi, 1 000 cadres français, échantillon représentatif des cadres salariés, interrogés du 2 au 8 juillet 2020.

du salariat pour se tourner vers des statuts leur permettant de bénéficier de plus de liberté, de créativité. Si 12 % des cadres français souhaitent devenir indépendants ou créer leur entreprise, 17 % des jeunes de 18-30 ans expriment le souhait de réaliser ces types de projets.

Cet attachement transitoire à l'entreprise se révèle aussi par la manière dont les plus jeunes appréhendent leur carrière. Ils sont fidèles à un projet, à une mission, et non pas seulement à une entreprise ou à une marque. C'est une vision singulière de l'entreprise et surtout de la « carrière » professionnelle qui s'exprime ici. Un indicateur particulièrement frappant nous est donné par la durée idéale d'un emploi au sein d'une entreprise selon la génération des 18-30 ans : la quasi-majorité d'entre eux (48 %) estime le temps idéal passé dans une entreprise entre deux et cinq ans, c'est près de 20 points de plus que la moyenne (27 %). Plus encore, seuls 13 % des 18-30 ans interrogés dans cette étude considèrent que passer plus de dix ans dans une même entreprise peut être une bonne chose, alors que 29 % des cadres français expriment cet avis. Une autre étude menée auprès des cadres privés montrait d'ailleurs que plus de 86 % des moins de 35 ans anticipent une mobilité professionnelle au cours des deux prochaines années contre 65 % en moyenne. Dès lors, nous sommes en présence d'une génération du « roulis » qui, à la manière d'un bateau ou des ailerons d'un avion, gardant le cap, peut aisément osciller de gauche à droite.

TROISIÈME PARTIE

QUELLES TENDANCES À L'ŒUVRE EN 2022 ?

LES CANDIDATS PRÉSIDENTIELS ET LES JEUNES : UN RAPPORT PARADOXAL AVEC UNE GÉNÉRATION « TOTÉMISÉE »

À l'heure où ces lignes sont écrites, la question de l'issue du scrutin présidentiel demeure plus que jamais incertaine : réélection du président sortant, accession d'un de ses principaux opposants à l'Élysée, voire émergence d'un outsider n'appartenant pas au paysage politique actuel… Les hypothèses envisageables pour cette échéance de 2022 suscitent plus de questionnements que de certitudes, quand bien même la réédition de l'affiche de second tour de 2017 apparaît aujourd'hui comme le scénario le plus probable.

Au-delà des incertitudes et des arguments qui tendent à présenter chaque élection présidentielle comme unique, jamais vue ou marquée du sceau de l'inédit, réside un invariant : la jeunesse. En effet, qu'il s'agisse de l'offre programmatique lui étant destinée ou du segment jeune en tant que tel, la centralité de l'objet jeunesse frappe par sa récurrence lors de la présidentielle : il semble faire partie du « folklore » de ces campagnes électorales.

Même de basse intensité, la pré-campagne présidentielle

actuelle ne fait pas exception. Au contraire, la pandémie a même accéléré cette tendance à un surinvestissement du personnel politique dans sa globalité en direction des Français âgés de moins de 25 ou 30 ans. Les effets ravageurs du coronavirus dans les domaines socio-économiques et sur le moral des Français ont conduit le personnel politique à une prise en charge de la jeunesse via des discours de compassion – résumés par la formule du chef de l'État : « C'est dur d'avoir 20 ans en 2020 » – et par l'utilisation de canaux de communication jeunes, de Twitch à Brut en passant par la mobilisation d'influenceurs.

De même, les candidats potentiels ou déclarés au scrutin présidentiel à venir rivalisent de propositions ou promesses en direction de la jeunesse.

L'exemple vient du sommet de l'État avec un président candidat plus que certain à sa réélection qui n'a pas hésité à utiliser les canaux jeunes (de l'interview sur Brut à la « conversation » avec les Youtubers McFly et Carlito). Emmanuel Macron a également placé sur l'agenda gouvernemental nombre de mesures spécifiquement destinées à la jeunesse : du Pass Culture à la mise en place d'une future garantie jeunes universelle visant à assurer jusqu'à 500 euros d'allocation mensuelle pour plus d'un million de personnes âgées de moins de 26 ans, mesure s'inscrivant dans le plan gouvernemental « 1 jeune, 1 solution ». Les adversaires probables du président sortant ne sont pas en reste : ambition de faire de la jeunesse la grande cause nationale (Fabien Roussel), extension du RSA aux moins de 25 ans (Anne Hidalgo et Yannick Jadot), financement à hauteur de 90 % par l'État du permis de conduire (Xavier Bertrand), obtention de prêt à taux zéro garanti ou revalorisation de 25 % des aides au logement pour les jeunes jusqu'à 27 ans (Marine Le Pen)...

Cette situation qui s'inscrit pleinement dans le folklore traditionnel des campagnes présidentielles ne manque pas d'étonner. En effet, sur le pur plan statistique ou du marketing électoral, cette forme de polarisation du discours et de l'action des politiques en direction de la jeunesse ne laisse en apparence augurer que de faibles gains électoraux ou de popularité. La part des personnes âgées de 18 à 24 ans au sein de laquelle figurent les primo-votants à l'élection présidentielle, voire celle des 18-30 ans, ne pèse que marginalement dans la population, comparée aux autres segments générationnels. Ces derniers, les 35-49 ans, 50-64 ans et plus de 65 ans, bénéficient chacun d'un poids démographique quasi identique, autour de 25 %. Chacune de ces catégories d'âge comptant plus de 12 millions de personnes « surclasse » en poids les 7,9 millions de jeunes âgées de moins de 30 ans et *a fortiori* les 5,2 millions de 18-24 ans.

De surcroît, ce déséquilibre issu des données calculées par l'INSEE en fonction de l'ensemble de la population française en âge de voter (50,6 millions d'individus) s'accroît encore lorsque la base de référence devient les personnes inscrites sur les listes électorales[1], dans la mesure où la non-inscription, comme le phénomène de mauvaise inscription sur les listes électorales, concerne au premier chef les plus jeunes électeurs. Ces éléments objectifs auxquels s'ajoute en point d'orgue la sur-abstention

1. Par exemple 46 437 411 au premier tour des élections municipales du 15 mars 2020.

touchant la jeunesse[2] questionnent la pertinence de l'implication des candidats à l'élection présidentielle envers les jeunes électeurs. N'a-t-on pas affaire à une catégorie relevant davantage du mythe ou du fantasme, à un électorat à la portée réduite, du moins dans l'incapacité de constituer le ferment essentiel de la victoire ? À cet égard, l'histoire des scrutins présidentiels depuis 1981[3] indique clairement que les électeurs les plus jeunes n'ont jamais permis d'emporter la décision.

À titre d'exemple, en 2007, la nette avance dont Ségolène Royal bénéficiait au second tour chez les 18-24 ans sur Nicolas Sarkozy (67 % contre 33 %) n'a pas empêché celui-ci de l'emporter nettement (53,1 % contre 46,9 %) avec un écart de plus de 2 millions de voix. Cette avance avait été forgée par le poids des électeurs de plus de 50 ans, notamment les 65 ans et plus où l'hégémonie du candidat de l'UMP avait été totale[4]. Mais alors pourquoi cette catégorie focalise-t-elle tant l'attention des candidats ? Quelle charge symbolique recèle la jeunesse ?

En dépit de ces réserves, la jeunesse s'inscrit durablement à chaque campagne présidentielle comme un totem. S'adresser fréquemment à elle comme lui adresser une offre programmatique spécifique constitue un exercice

2. Cf. *supra*.

3. Il n'existait pas en 1974 d'outils sondagiers comme les sondages « sortie des urnes » (introduits par l'IFOP en 1983) ou les enquêtes post-électorales mises en place à la SOFRES par son vice-président Jérôme Jaffré.

4. Cf. Enquête post-électorale IFOP pour le CEVIPOF, 4006 personnes âgées de 18 ans et plus, échantillon représentatif de la population française inscrite sur les listes électorales, interrogées du 9 au 23 mai 2007 : 63 % en faveur de Nicolas Sarkozy parmi les 65 ans et plus, 54 % chez les 50-64 ans.

imposé pour les candidats. Et malheur au sortant ou au prétendant qui s'en écarte par un quelconque cynisme électoral fondé sur l'influence marginale du vote des jeunes. De même, le candidat à la magistrature suprême faisant l'impasse sur les moins de 30 ans dans son offre programmatique ou qui apparaîtrait en décalage avec les aspirations de la jeunesse – réactivant le célèbre « Je ne vous comprends pas » chiraquien de la campagne pour le référendum du 29 mai 2005 – ne pourra en aucune façon prétendre à la victoire.

Cette situation est largement intériorisée dans l'ensemble du champ politique, y compris par des candidats pour lesquels les chances de capter tout ou partie du vote de la jeune génération sont réduites, voire inexistantes.

À titre d'exemple récent, on se souvient de François Fillon dans la dernière ligne droite de sa campagne présidentielle. Les sondages d'intention de vote, notamment l'enquête en continue de l'IFOP[5], « promettent » au candidat vainqueur de la primaire des Républicains une élimination au soir du premier tour, le premier « 21 avril » connu par la droite sous la Ve République. Dans ce contexte dramatique, amplifié par la situation inédite d'un candidat mis en examen, le dernier grand meeting parisien de François Fillon revêt une importance cruciale. Et en effet, ce 9 avril, à la Porte de Versailles, le député de la Sarthe jettera toutes ses forces dans la bataille, en cherchant à remobiliser l'électorat de droite et à l'avertir de la fausse rupture promise par Emmanuel « Hollande Macron ».

---

5. Rolling Ifop/Fiducial pour *Paris Match*, CNews et Sud Radio, 500 à 1 000 interviews réalisées quotidiennement du 30 janvier au 6 mai 2017.

Toutefois, ce discours marquera surtout par la phrase: «Je ne vous demande pas de m'aimer. Je vous demande de me soutenir car il en va de l'intérêt de la France.» Ces mots frappent au regard de leur teneur, en décalage complet avec l'imaginaire d'une campagne présidentielle caractérisée par la rencontre d'un candidat avec le pays, le regardant «au fond des yeux» pour le séduire.

Surtout, François Fillon truffe son discours de près de dix références à la jeunesse, que ce soit pour déplorer son désespoir ou ses velléités d'expatriation, pour l'exhorter à ne pas douter d'elle-même et d'aimer la France, voire pour lui promettre de la décharger du poids du chômage et de la dette[6]. Ici, François Fillon se conforme parfaitement à cette contrainte intériorisée de valorisation de la jeunesse, alors qu'il sait probablement qu'il n'en retirera aucun bénéfice électoral. En effet, les électeurs les plus jeunes constituent le segment le plus sévère à l'égard du candidat LR dès la révélation par *Le Canard enchaîné* des soupçons d'emploi fictif ayant bénéficié à sa femme.

Loin d'apparaître comme un simple processus ou une période transitoire vers l'âge adulte, la jeunesse constitue ce passage obligé parce qu'elle se trouve également au cœur de croyances profondément ancrées chez les candidats à la magistrature suprême. Et là réside sans doute la principale raison de ce statut de totem politique.

Première croyance à l'œuvre, les jeunes sont identifiés lors des campagnes présidentielles comme de formidables

6. «Aux jeunes de France, je dis "aidez-moi à percuter toutes ces vieilles cloisons bureaucratiques qui cadenassent le marché de l'emploi; aidez-moi à développer les nouveaux métiers de l'avenir, aidez-moi à faire triompher les valeurs de l'audace et de la réussite, aidez-moi à transformer notre modèle économique et social".»

relais d'opinion. S'adresser spécifiquement à eux, leur consacrer une partie du programme présidentiel équivaut à parler à leur cercle familial, parents ou grands-parents. Les convaincre revient dans l'imaginaire des politiques à maximiser par ricochet le vote de leurs proches. Dans le mythe du repas de Noël[7], entretenu par des communicants et *spin doctors* entourant les candidats, la capacité prêtée aux jeunes d'orienter les échanges voire la décision de leur famille est réelle. Ce précieux statut de relais d'opinion n'est cependant pas l'apanage des jeunes électeurs ; il est également attribué, selon les campagnes électorales, aux commerçants, aux médecins, aux chasseurs (vers le monde rural), voire aux patrons de bar-tabac ou aux chauffeurs de taxi.

D'autres croyances liées à la jeunesse vont plus loin que ce statut partagé avec d'autres leaders d'opinion. En effet, aux jeunes est prêté un pouvoir « diffusionniste » sur le reste de la société : les perceptions et opinions de la plus jeune génération, considérée comme une avant-garde éclairée, sont censées s'imposer aux aînés et se diffuser dans la société. Cette représentation reprend un postulat théorisé en son temps par Edgar Morin. Celui-ci avait été un des premiers à mettre en exergue l'importance du fait juvénile sur le plan culturel. La diffusion de la culture jeune était susceptible d'orienter la culture de masse, d'infiltrer les modèles dominants et en parallèle d'entamer le crédit traditionnellement associé aux générations plus anciennes.

---

7. Vu comme le moment où, dans les cercles familiaux, la présidentielle est pour la première fois évoquée « sérieusement », sous l'angle de la crédibilité des candidats auxquels on pourrait confier les clés de la « Maison France ».

On comprend que, appliquée à la sphère politique, cette croyance en une jeunesse à la fois agent du changement et annonciatrice du devenir de la société attire tant l'intérêt des présidentiables, au regard des bénéfices escomptés. Il s'agit, en s'adressant à la jeunesse (en cherchant à la comprendre), d'espérer anticiper les mouvements d'opinion, tendances et comportements à venir de l'ensemble de l'électorat. Le segment jeune, en tant que « laboratoire d'idées », constitue un sésame visant à la compréhension de l'opinion publique. Par ailleurs, il ne faut pas négliger l'impact démultiplicateur de ces croyances à l'œuvre dans le champ politique lorsque celles-ci sont mobilisées dans le cadre d'une campagne présidentielle. En effet, cette période si centrale dans la vie politique française, et reconnue comme telle par les Français, constitue un *momentum* idoine où, dans une parfaite symétrie, la valorisation de la jeunesse va s'inscrire dans la valorisation plus globale de la France. Et dans ce cadre de fierté nationale, la célébration de la jeunesse constitue une sorte de miroir parfait. L'ambition à l'œuvre chez les candidats de proposer aux Français une vision radieuse de l'avenir du pays, une projection heureuse dans la France de demain, rencontre « naturellement » la jeunesse, catégorie incarnant cette projection.

Dans une perspective historique[8], l'ultra-valorisation de la jeunesse dans la vie politique et plus précisément pendant les campagnes présidentielles s'inscrit dans un double mouvement. D'abord elle prend le contre-pied de tout un courant historique et intellectuel percevant la jeunesse sous un angle anecdotique, dérisoire, voire négatif.

8. Cf. *Sociologie de la jeunesse*, Olivier Galland, Armand Colin, 2017.

Sous l'Ancien Régime, la jeunesse est traditionnellement mal vue. Au XVIe siècle, on la taxe d'étourderie et de folie,[9] puis encore au XVIIIe siècle de manque d'expérience, d'emportements et d'imprudence. Dans cette société d'avant 1789, la jeunesse est un corps mal stabilisé qui tourne vite à un état de désordre. Il faut d'ailleurs attendre Diderot et son *Encyclopédie* pour voir attribuer à la jeunesse des qualités spécifiques – invention, exécution et innovation – qui manquent à la vieillesse. Le stigmatisant « emportement juvénile » s'efface au profit d'une valorisation de la nouveauté.

Pour autant, loin de la célébration actuelle par les politiques, la jeunesse fait souvent l'objet d'une stigmatisation sociale jusqu'au XIXe siècle. Les portraits de jeunes dépeints dans la littérature populaire de l'époque décrivent le plus souvent trois stéréotypes : le jeune oisif, le jeune cynique et le jeune révolté. Il faudra attendre le début du XXe siècle et l'événement fondateur traumatique de la Première Guerre mondiale pour trouver des discours de valorisation de la jeunesse et voir en elle autre chose qu'« un mot », selon la célèbre phrase de Pierre Bourdieu[10].

Juste avant, au tournant du siècle, le pasteur Charles Wagner[11] est le premier qui théorise la jeunesse comme un tout, un bloc homogène et hermétique doté de « nombreux traits communs dans le bien et dans le mal », une

9. Voire de débauche. L'expression « faire des jeunesses », dans la langue du XVIe siècle, renvoie en effet à la luxure. (La première édition du dictionnaire de l'Académie dit seulement : « Jeunesse, signifie figur. Folie de jeune homme. Un trait de jeunesse. Il a bien fait des jeunesses. »)
10. Pierre Bourdieu, « La jeunesse n'est qu'un mot », entretien avec A.-M. Métailié [1978], rééd. dans *Questions de sociologie*, Minuit, 1984.
11. Cf. Charles Wagner, *Jeunesse*, éditions Fischbacher, 1891.

figure sociale à part entière sur laquelle la société doit investir, dans la mesure où elle représente son avenir et son idéal. Wagner, à la différence de nombreux penseurs du XIXe siècle stigmatisant l'indiscipline et l'immoralité de la jeunesse, attribue, avec une étonnante modernité, la responsabilité du mal-être de la jeunesse à la crise générale de l'époque marquée par une perte de repères de la société.

Dans la même veine d'intérêt positif pour la jeunesse comme personnage collectif figure l'apparition, à la Belle Époque, des premières études sur la jeunesse. Il ne s'agit bien évidemment pas d'enquêtes d'opinion au sens où on l'entend aujourd'hui[12]. Mais au-delà des biais liés à l'absence de représentativité réelle de la population jeune[13], l'enquête d'Agathon, pseudonyme des écrivains nationalistes Henri Massis et Alfred de Tarde, parue en 1913, a pour intérêt de donner à voir une jeunesse magnifiée, qui glorifie l'action héroïque et les qualités viriles, pétrie de sens moral et de foi patriotique. Cette génération doit obligatoirement se positionner en rupture avec celles qui avaient suivi la défaite de 1870. Les auteurs peinent d'ailleurs à cacher leurs intentions idéologiques faisant de leur étude une prophétie autoréalisatrice : « Il n'est pas interdit de croire que l'influence d'une telle enquête importe autant que son exactitude historique : elle est en elle-même un acte. »

Ce regain d'intérêt, voire cette exaltation, avait sans surprise un but caché dans la France d'avant 1914, à savoir la mobilisation de cette catégorie, la future génération

12. Les premières enquêtes de l'Institut français d'opinion publique (IFOP), premier institut de sondages français, datent de 1938.
13. L'enquête repose sur des témoignages de jeunes gens dont le nombre comme les profils sont restés inconnus.

de 14, parée de toutes les vertus et, au final, sacrifiée. Bien évidemment, la visée de la « mobilisation » opérée aujourd'hui dans la sphère politique diffère, mais elle s'inscrit dans cette continuité du début du siècle dernier, que l'élection présidentielle sous la Ve République va exacerber : celle d'une représentation idéalisée de la jeunesse, catégorie à part entière à qui il convient de s'adresser spécialement et flatteusement. Le contexte de la crise du coronavirus confirme cette logique à travers la vision d'une jeunesse célébrée par tous mais en souffrance, victime de la crise, voire sacrifiée, ce qui conduit « automatiquement » à une intervention salvatrice de la sphère politique.

RETOUR SUR LE VOTE DES JEUNES À L'ÉLECTION PRÉSIDENTIELLE

Le vote des jeunes[1] à l'élection présidentielle depuis 1981 contredit deux croyances communément admises, en particulier dans la sphère médiatique : d'une part, que le choix électoral des jeunes s'orienterait systématiquement vers les candidats de gauche ; d'autre part, que les jeunes privilégieraient un vote contestataire, antisystème ou tribunitien. Ces deux représentations, certes confortées par de nombreux exemples tirés des élections présidentielles passées, demeurent incomplètes et fluctuent en fonction du contexte de l'élection et de son offre politique. En outre semble s'imposer une grille d'analyse mettant en regard le vote des moins de 25 ans et celui des autres générations : la singularité du vote jeune aurait fait place à un phénomène d'indifférenciation, c'est-à-dire d'alignement sur le vote de la France dans son ensemble.

1. On se référera ici principalement aux choix électoraux des 18-24 ans, segment comprenant la catégorie des primo-votants.

1981	**Ensemble des électeurs**	**Électeurs de 18 à 24 ans**
	(%)	(%)
G. Marchais	15,5	**24**
A. Laguiller	2	2
H. Bouchardeau	1	4
F. Mitterrand	26	22
M. Crépeau	2	2
B. Lalonde	4	11
V. Giscard d'Estaing	28,5	23
J. Chirac	18	11
M. Debré et M-F. Garaud	3	1

Source: Sondage post-électoral SOFRES.

La spécificité du vote des moins de 25 ans se retrouve pleinement lors de l'élection présidentielle de 1981, puisque le choix des jeunes se porte d'abord sur Georges Marchais, qui devance chez les électeurs de 18 à 24 ans les deux candidats qualifiés pour le second tour, François Mitterrand et Valéry Giscard d'Estaing. Cette (légère) avance en faveur du candidat communiste place les jeunes en rupture avec le vote des Français. En effet, les 18-24 ans constituent l'unique catégorie sociodémographique où Georges Marchais arrive en tête lors de cette élection[2], alors que 1981 marque la première véritable manifestation du déclin électoral du PCF, déclin que les jeunes électeurs sont les plus nombreux à minimiser. Ceux-ci, pour expliquer l'échec du candidat communiste, sont les plus nombreux à invoquer des motifs exogènes

2. François Mitterrand le devance en effet même chez les ouvriers (30 % *versus* 28 %).

au PCF, entre vote utile pour le candidat socialiste[3] et crainte d'une élimination de la gauche[4] au soir du premier tour.

Au-delà de l'attrait pour la dimension radicale et contestataire du candidat communiste, le vote des jeunes en 1981 reste marqué par un fort tropisme de gauche. D'une part, les deux principaux candidats de droite (J. Chirac et V. Giscard d'Estaing) recueillent chez les jeunes un vote de près de 12 points inférieur à celui obtenu nationalement (34 % *versus* 46 % au global). D'autre part, le vote Mitterrand au second tour chez les 18-24 ans comme chez les 25-34 ans atteint 63 %, ces segments jeunes accentuant nettement l'attente de changement voulu par les Français. Relevons d'ailleurs à quel point le candidat Mitterrand avait valorisé la jeunesse, en tant que groupe homogène, comme une catégorie à part entière de son offre programmatique, nonobstant son poids démographique réel.

Dans les 110 propositions du candidat socialiste pendant la campagne de 1981, il est fait référence aux jeunes dans les engagements ayant trait à l'emploi, à l'éducation ou à la famille. Mais de surcroît figure dans la profession de foi mitterrandienne un chapitre spécifique : « Le droit d'être elle-même pour la jeunesse. » Celui-ci comprend 5 propositions adressées uniquement aux jeunes, de l'éligibilité dès 18 ans pour les élections politiques à la liberté de réunion promise aux lycéens et aux appelés

---

3. Pour 39 % des 18-24 ans, un grand nombre d'électeurs ont voulu renforcer les chances du candidat de gauche le mieux placé pour battre VGE.
4. Pour 36 % de ces jeunes électeurs, un grand nombre d'électeurs communistes ont eu peur que la gauche soit éliminée à l'issue du premier tour et que le second tour oppose J. Chirac et V. Giscard d'Estaing.

du service national, en passant par la suppression de la vignette moto[5].

On retrouvera cette logique dans la « Lettre aux Français » de 1988. Le président candidat à sa réélection aura beau prévenir de son refus de parler au nom d'une jeunesse « qui n'adhère pas au culte de la jeunesse, ce dont les adultes doivent se convaincre », il émaille sa missive de fréquentes références et propositions destinées à la jeune génération, entremêlées de digressions sur ce qu'est la jeunesse et sur ce que fut la sienne.

Notons que le deuxième président de la République issu des rangs de la gauche ira encore plus loin. À l'instar de François Mitterrand, François Hollande consacre dans ses 60 engagements, une partie importante et spécifique à la jeunesse, intitulée « Je veux redonner espoir aux nouvelles générations[6] ». Surtout, il fera de la jeunesse sa grande priorité et le leitmotiv de sa campagne dès les primaires. Cette focalisation sur la jeunesse est motivée dans son livre de campagne *Changer de destin* : « La jeunesse est la grande sacrifiée de la société française. Précarité, chômage et faiblesse du pouvoir d'achat la frappent tout particulièrement. C'est pourquoi j'ai décidé d'en faire la grande cause de cette élection. » Cette priorité s'inscrivait également dans une stratégie de distinction d'avec le sortant, Nicolas Sarkozy, très affaibli parmi les plus jeunes. À l'instar de l'élection de 1981, le scrutin de 2002 apparaît également comme le moment d'une singularité du vote des jeunes.

---

5. Propositions 74 à 78.
6. Propositions 33 à 40.

2002	Ensemble des électeurs	Électeurs de 18 à 24 ans
	(%)	(%)
A. Laguiller	6	6
D. Gluckstein	0,5	0
O. Besancenot	4	**10**
R. Hue	3,5	1
L. Jospin	16	**12**
C. Taubira	2	4
J.-P. Chevènement	5,5	4
N. Mamère	5,5	**11**
C. Lepage	2	2
J. Saint-Josse	4	3
F. Bayrou	7	8
A. Madelin	4	5
J. Chirac	20	**12**
C. Boutin	1	1
B. Mégret	2	1
J.-M. Le Pen	17	20

Source : Sondage sortie des urnes CSA.

Lors de ce scrutin à l'abstention record, les deux favoris annoncés recueillent chez les 18-24 ans des scores très inférieurs à leur score global (4 points de moins pour Lionel Jospin, 8 points de moins pour Jacques Chirac) tandis que Jean-Marie Le Pen, invité surprise du second tour obtient un score légèrement supérieur à sa moyenne. En parallèle, deux « petits » candidats – Noël Mamère et Olivier Besancenot – dépassant à peine ou tangentant les 5 % le 21 avril drainent le vote de 1 jeune sur 5. En ce sens, 2002 constitue le climax du décalage entre le choix électoral des jeunes et celui de l'ensemble des Français. En outre, les motivations de vote des jeunes en faveur de ces candidats s'avèrent également originales puisqu'elles relèvent uniquement de la personnalité d'Olivier Besancenot (le dynamisme et la proximité qu'inspire sa jeunesse) et de Noël Mamère (son honnêteté).

À partir de cette élection présidentielle s'enracine un phénomène de banalisation du vote jeune, c'est-à-dire une quasi-disparition des spécificités des choix électoraux de la jeune génération, visible lors des scrutins passés.

1988	**Ensemble des électeurs**	**Électeurs de 18 à 24 ans**
	(%)	(%)
A. Lajoinie	7	9
P. Boussel	0,5	2
A. Laguiller	2	1
P. Juquin	2	2
F. Mitterrand	34	**35**
A. Waechter	3,5	4
R. Barre	16,5	17
J. Chirac	20	14
J.-M. Le Pen	14,5	16

Source: Sondage post-électoral SOFRES.

1995	**Ensemble des électeurs**	**Électeurs de 18 à 24 ans**
	(%)	(%)
R. Hue	9	6
A. Laguiller	5,5	7
L. Jospin	23	21
D. Voynet	3	3
J. Chirac	20,5	**29**
E. Balladur	18,5	11
P. de Villiers	5	5
J.-M. Le Pen	15,5	18
J. Cheminade	< 0,5	0

Source: Sondage sortie des urnes IFOP.

2007	Ensemble des électeurs	Électeurs de 18 à 24 ans
	(%)	(%)
G. Schivardi	0,3	1
A. Laguiller	1,3	1
O. Besancenot	4,1	6
J. Bové	1,3	2
M.-G. Buffet	1,9	1
S. Royal	25,5	**31**
D. Voynet	1,6	4
F. Nihous	1,2	2
F. Bayrou	18,8	21
N. Sarkozy	31,1	24
P. De Villiers	2,3	1
J.-M. Le Pen	10,6	6

Source : Sondage post-électoral IFOP pour le CEVIPOF.

À ce titre, les élections de 1988 et 1995, marquées par les scores très importants enregistrés auprès des jeunes par les candidats gagnants de l'élection (35 % pour le président sortant François Mitterrand en 1988, 29 % pour le candidat RPR en 1995), avaient été des signes avant-coureurs de ce vote jeune « se fondant dans la masse ». Ainsi, après 2002, les deux candidats arrivés en tête chez les jeunes aux scrutins de 2007 et 2012 seront aussi qualifiés pour le second tour.

Une « exception jeune » émergera cependant en 2007, s'agissant du second tour où, à rebours de la tendance nationale, la candidate socialiste devançait nettement Nicolas Sarkozy[7] (63 % contre 37 %). Ce dernier exemple confirme que le tropisme de gauche dont on entoure le vote des 18-24 ans a principalement donné sa pleine mesure au second tour, moment permettant – via la logique de bipolarisation – « l'élimination » du candidat de la droite, présidentielle de 1995 exceptée.

Lors de ce scrutin, l'image d'un Jacques Chirac incarnant le changement face au Premier ministre sortant Balladur et à Lionel Jospin, comptable, malgré son droit d'inventaire, des années Mitterrand, permet au candidat RPR de limiter l'effet traditionnel « anti-droite » du vote jeune. Et ce, alors même qu'à la différence de François Mitterrand la place de la jeunesse dans l'offre programmatique du candidat Chirac est moindre. Celui-ci propose certes des mesures sur les plans économiques ou éducatifs qui bénéficieraient indirectement aux plus jeunes dans l'objectif général de réduire la fracture sociale, le credo chiraquien de cette campagne. Toutefois, la singularité de propositions leur étant uniquement destinées ou une interpellation type Mitterrand 1988 n'apparaît pas dans

7. Le candidat Sarkozy, lors de cette campagne victorieuse, ne développe aucunement un discours programmatique destiné à la jeunesse. Aucun des 15 chapitres du programme « Ensemble tout devient possible » n'est consacré à la jeunesse en tant que catégorie, quand bien même les enjeux de l'école, qui « doit garantir la réussite de tous les élèves », ou de l'enseignement supérieur et de la recherche sont évoqués. La partie « Vaincre le chômage » ne recèle aucune référence au chômage des jeunes. On peut voir dans cette situation les stigmates du traumatisme vécu un an auparavant par la droite, lié au mouvement mené par les étudiants et les lycéens contre le CPE…

l'offre du futur président, alors que les seniors bénéficient d'un volet spécifique dans le programme[8].

2012	Ensemble des électeurs	Électeurs de 18 à 24 ans
	(%)	(%)
N. Arthaud/P. Poutou	1,7	2
J.-L. Mélenchon	11,3	16
F. Hollande	28,1	28
E. Joly	2,3	4
F. Bayrou	9,2	9
N. Sarkozy	27	24
N. Dupont-Aignan	1,8	1
M. Le Pen	18,3	15

Source : Sondage Jour de vote IFOP.

2017	Ensemble des électeurs	Électeurs de 18 à 24 ans
	(%)	(%)
N. Arthaud	0,6	1
P. Poutou	1,1	1
J.-L. Mélenchon	19,6	29
B. Hamon	6,3	8
E. Macron	24	23
J. Lassalle	1,2	-
F. Fillon	19,9	12
N. Dupont-Aignan	4,8	4
M. Le Pen	21,4	21
F. Asselineau	0,9	1
J. Cheminade	0,2	-

Source : Sondage Jour de vote IFOP.

8. « La France pour tous », chapitre « Les personnes âgées sont une force ».

La dernière élection présidentielle vue à travers le vote des 18-24 ans constitue un concentré des différentes caractéristiques de ce vote jeune, mais acte également des ruptures.

En premier lieu, on assiste, sur le modèle de l'élection de 1981, à un vote qui se porte d'abord sur un candidat qui au final est absent du second tour. En effet, le candidat de La France insoumise parvient à rassembler près de 30 % des jeunes, en siphonnant l'électorat jeune s'étant porté dans les premiers temps de la campagne sur Benoît Hamon[9]. Jean-Luc Mélenchon devance ainsi les deux candidats qualifiés pour le second tour, dont la situation diffère toutefois.

Emmanuel Macron effectue une percée chez les 18-24 ans avec un score quasi équivalent à son étiage global et qui apparaît globalement très peu différencié d'une classe d'âge à l'autre[10].

Relevons que, dans son rapport à la jeunesse pendant sa campagne, le candidat Macron s'inscrit plutôt dans la tradition chiraquienne avec de nombreuses mesures relatives à l'école, au logement, à la liberté d'entreprendre devant bénéficier par ricochet aux plus jeunes. En outre figurent, avec la création d'un PASS Culture et la promesse de porter à 200 000 le nombre d'étudiants et d'apprentis bénéficiant du programme Erasmus, deux mesures spécifiques aux jeunes. Néanmoins, le propos introductif du programme

---

9. Dans l'enquête IFOP pour l'ANACEJ menée en mars 2017, Benoît Hamon obtient 15 % parmi les 18-24 ans, contre 14,5 % en faveur de Jean-Luc Mélenchon.

10. Scores d'Emmanuel Macron par génération : 18-24 ans : 23 %, 25-34 ans : 23 %, 35-49 ans : 23 %, 50-64 ans : 25 %, plus de 65 ans : 26 %.

d'Emmanuel Macron ainsi que les six chantiers du contrat qu'il souhaite passer avec les Français ne recèlent pas de message direct adressé à la jeunesse, émanant pourtant du futur président le plus jeune de la Ve République.

Primo-candidat à la magistrature suprême, le fondateur d'En Marche ! parvient à devancer Marine Le Pen (23 % contre 21 %), laquelle, à la différence des scores de son père en 1995 et 2002, obtient chez les 18-24 ans un résultat inférieur à sa moyenne globale[11], ce qui acte une rupture avec la sociologie traditionnelle du vote frontiste. En dehors des personnes âgées de plus de 65 ans, c'est parmi les 18-24 ans que le résultat de Marine Le Pen est le plus faible. En ce sens, l'élection présidentielle de 2017 accentue la tendance observée lors du scrutin de 2012 marquée par un vote protestataire qui favorise davantage les candidats de la gauche radicale que ceux venant de la droite. En 2012, dans la jeunesse, Jean-Luc Mélenchon avait déjà fait jeu égal avec Marine Le Pen (16 % contre 15 % pour cette dernière). En 2017, chez les jeunes électeurs, l'addition des scores Arthaud, Poutou et Mélenchon est supérieure à celle des Le Pen, Dupont-Aignan et Asselineau (31 % contre 26 %). Notons qu'à travers ces résultats, le poids du vote tribunitien chez les jeunes surclasse nettement celui accordé aux représentants des partis de gouvernement, une tendance également observée dans l'ensemble de l'électorat, laquelle vient confirmer ce déclin des spécificités du vote jeune.

Enfin, ce scrutin confirme la perte de vitesse de l'offre électorale de droite auprès des jeunes électeurs. Avec

11. 15 % chez les 18-24 ans le 23 avril 2012, dans le sondage Jour du vote de l'IFOP *versus* 17,9 % en moyenne.

12 %, François Fillon atteint chez les plus jeunes électeurs l'étiage le plus bas jamais enregistré par un candidat de droite aspirant à remporter l'élection. Si l'histoire des scrutins présidentiels a révélé que le vote jeune n'est pas automatiquement dévolu à la gauche, elle a également montré que ce segment des moins de 25 ans constituait de plus en plus une *terra incognita* à droite.

Fragmentation du choix électoral des jeunes dans un contexte abstentionniste, émergence de l'outsider Mélenchon, révélation Macron et déception relative Le Pen concomitants d'une inclination pour le vote contestataire… la dernière élection présidentielle vue à travers le vote des jeunes porte-t-elle en germe de nouveaux bouleversements dans la perspective de 2022 ?

QUELLES HYPOTHÈSES POUR LE SCRUTIN PRÉSIDENTIEL DE 2022 ?

S'interroger à plusieurs mois du scrutin présidentiel sur son issue constitue un piège pour tout analyste de l'opinion publique – et ce, même si le sujet porte sur un segment restreint du corps électoral et comme on l'a vu non décisif, à savoir les jeunes de 18 à 30 ans. En outre, les inconnues liées à cette prochaine élection semblent plus nombreuses encore que lors des précédents scrutins. D'une part, la propension du Covid-19 – crise la plus violente connue par le pays depuis la Libération – à imposer sa cadence dans tous les aspects de la vie brouille considérablement les repères, y compris s'agissant des choix électoraux à venir des Français. D'autre part, la campagne présidentielle semble débuter à bas bruit, comparée à la précédente, lancée plus de deux ans avant l'échéance avec les primaires des Républicains[1]. Cette primaire de droite puis celle organisée par le Parti socialiste avaient eu pour effet de clarifier en amont l'offre électorale, tandis que leur quasi-absence[2] pour le scrutin de 2022 favorise un plus grand morcellement des candidatures, qu'elles soient provisoires, de témoignage ou susceptibles d'être pérennes.

---

1. Alain Juppé avait même déclaré sa candidature fin août 2014.
2. Seule une primaire ouverte aux adhérents EELV est prévue en septembre 2021.

On sait également que la tentation d'une prophétie électorale se heurte à une vérité : un sondage d'intentions de vote ne reflète qu'un rapport de force au moment où il est réalisé et ne constitue en rien une prédiction. De plus, les sondages présidentiels menés longtemps avant l'échéance, s'ils apportent de réels éléments de compréhension[3] de la période à laquelle ils sont réalisés, n'ont aucunement vocation à déterminer l'issue du processus électoral, surtout dans un contexte d'incertitude sur l'offre de candidatures. Le rappel de la séquence présidentielle précédente s'avère à cet égard parlant et nous incite à la plus grande modestie : jusqu'en septembre 2016, Emmanuel Macron (qui déclarera sa candidature en novembre 2016) n'est pas systématiquement testé dans les intentions de vote, et lorsqu'il l'est, il n'accède jamais au second tour. Pour contrôler ces biais, l'enquête Nouvelle Vague a inclus une question de potentiel électoral qui permet de tester dans l'absolu, et non dans une logique concurrentielle à l'œuvre dans une intention de vote, une quinzaine de personnalités. Dans ce cadre, il s'agit moins de déterminer un socle électoral que la mesure de l'éventualité d'un vote, exprimé par les 18-30 ans, à l'égard de ces candidats.

---

3. Les enquêtes d'intentions de vote réalisées en 2015 jusqu'à la rentrée 2016 indiquaient entre autres une « non-qualification » systématique de François Hollande au second tour tandis que celles sur la période 2010-2011 montraient « l'échec » de Nicolas Sarkozy au second tour.

LA CONTINUITÉ DOMINE ENTRE LE CHOIX DES JEUNES ET CELUI DES FRANÇAIS

Les résultats confirment en premier lieu le contexte de défiance, du moins d'indifférence, de la jeunesse à l'égard du personnel politique. Aucune personnalité testée ne recueille un potentiel supérieur à 50 %, ni même à 40 %, ce qui était parfaitement envisageable puisque les répondants pouvaient exprimer une préférence pour autant de candidats qu'ils le souhaitaient. Au contraire, seules quatre personnalités obtiennent un potentiel dépassant ou tangentant les 30 % : Marine Le Pen (35 %), Édouard Philippe (33 %), Emmanuel Macron (31 %) et Jean-Luc Mélenchon (29 %). Cette hiérarchie figure, en cette période de pré-campagne présidentielle, un paysage figé et s'inscrit dans une double continuité. Au-delà du cas spécifique d'Édouard Philippe, c'est en effet d'abord une continuité avec les choix électoraux des jeunes en 2017 qui plaçaient dans un ordre différent Mélenchon, Macron et Le Pen en tête de leurs préférences. L'autre continuité concerne les souhaits des moins de 30 ans par rapport aux intentions de vote recueillies auprès de l'ensemble des Français. Celles-ci indiquent systématiquement, sur la base d'hypothèses de premier tour[4], une réédition de l'affrontement de 2017 – mouvement que les scores de potentiels électoraux observés dans la jeunesse pour Emmanuel Macron et Marine Le Pen laissent clairement entrevoir. Seule la faiblesse relative,

4. Certaines enquêtes menées par l'IFOP comportaient, compte tenu de l'incertitude sur l'offre électorale, une dizaine de configurations de premier tour.

auprès des 18-30 ans, des candidats testés à droite (Xavier Bertrand ou Valérie Pécresse) et *a contrario* la permanence d'une attraction d'une partie d'entre eux pour Jean-Luc Mélenchon constituent des points de différenciation entre eux et l'ensemble de l'électorat français.

Question : Seriez-vous prêt à voter en 2022 pour chacune des personnalités suivantes, s'il était candidat à la prochaine élection présidentielle ?

	TOTAL Oui	**Oui, certainement**	**Oui, probablement**	**TOTAL Non**
Marine Le Pen	**35**	15	20	**61**
Édouard Philippe	**33**	6	27	**58**
Emmanuel Macron	**31**	7	24	**65**
Jean-Luc Mélenchon	**29**	8	21	**64**
Nicolas Hulot	**27**	7	20	**59**
Christiane Taubira	**18**	5	13	**62**
Anne Hidalgo	**18**	4	14	**64**
Nicolas Dupont-Aignan	**18**	6	12	**66**
Yannick Jadot	**15**	4	11	**45**
Xavier Bertrand	**14**	4	10	**57**
Pierre de Villiers	**13**	4	9	**47**
Arnaud Montebourg	**13**	3	10	**58**
Valérie Pécresse	**13**	3	10	**59**
Éric Zemmour	**12**	4	8	**74**
Éric Piolle	**8**	3	5	**41**
Fabien Roussel	**8**	2	6	**42**

Non, probablement pas	Non, certainement pas	Vous ne connaissez pas cette personnalité	TOTAL
13	48	4	**100**
24	34	9	**100**
23	42	4	**100**
20	44	7	**100**
28	31	14	**100**
23	39	20	**100**
24	40	18	**100**
21	45	16	**100**
18	27	40	**100**
23	34	29	**100**
15	32	40	**100**
23	35	29	**100**
21	38	28	**100**
14	60	14	**100**
14	27	51	**100**
15	27	50	**100**

L'ENRACINEMENT DU VOTE MARINE LE PEN DANS LA JEUNESSE

Au-delà des similitudes avec le paysage électoral de 2017, l'enseignement majeur de ces souhaits électoraux concerne indubitablement Marine Le Pen et confirme l'enracinement du vote frontiste dans la jeunesse. La présidente du Rassemblement national parvient en effet à émerger en tête des préférences en devançant de 4 points Emmanuel Macron. Elle recueille même un score presque deux fois supérieur au président sortant auprès des électeurs les plus catégoriques dans leur choix ; 15 % d'entre eux expriment « certainement » une potentialité de vote Le Pen contre 8 % s'agissant d'Emmanuel Macron. C'est là le signe qu'une part importante de la jeunesse constitue plus encore qu'à la dernière élection présidentielle un segment-force du vote Rassemblement national. Surtout, la question de la motivation du vote en faveur de ce parti ou de sa candidate révèle un point de divergence majeur entre ces jeunes envisageant un vote Le Pen et l'ensemble des électeurs frontistes acquis ou potentiels. En effet, ces derniers restent majoritairement motivés, quand ils glissent un bulletin de vote RN, par la protestation.

La reconduction en mars 2021 de l'enquête de référence IFOP-Fiducial Radioscopie de l'électorat du Rassemblement national, menée à la veille du premier tour de l'élection présidentielle, confirme cet aspect. En dépit de l'installation du parti dans le paysage politique avec une double accession au second tour de l'élection présidentielle, des victoires à des scrutins intermédiaires (européennes 2014 et 2019) et des scores probants à des élections locales (départementales et régionales de 2015), près des deux tiers des électeurs du Rassemblement national[5] se situent toujours dans une logique tribunitienne ; leur vote est motivé par le rejet des autres partis.

Il est frappant de constater que les jeunes électeurs frontistes s'inscrivent dans une logique inverse : 59 % des moins de 30 ans envisagent un vote Le Pen par adhésion (28 % seulement d'adhésion chez les plus de 35 ans). La dernière période acte donc une rupture forte par rapport à l'explication traditionnelle du vote frontiste chez les jeunes, auparavant motivé, comme pour l'électorat RN plus âgé, par le rejet du système, le mécontentement à l'égard des partis politiques ou de l'action des pouvoirs publics, voire par la recherche d'une radicalité. Plus précisément, cette spécificité des jeunes électeurs RN apparaît dans les motivations « positives » mises en exergue, comme l'adhésion aux solutions économiques et sociales proposées par ce parti (23 %[6] chez les 18-24 ans *versus* 13 % dans l'ensemble de l'électorat RN) ou la capacité des dirigeants du RN à diriger le pays ou une collectivité (25 %, 12 %).

Autre confirmation de cette logique d'adhésion des jeunes électeurs, l'examen des traits d'image associés au parti de Marine Le Pen montre que les électeurs frontistes de moins de 30 ans expriment des opinions plus favorables : ils sont ainsi 58 % à considérer que le RN est capable de trouver des alliés pour former une majorité

---

5. Cf. Enquête IFOP-Fiducial pour *Le Journal du dimanche* et Sud Radio, Radioscopie de l'électorat du Rassemblement national à un an de l'élection présidentielle de 2022, 3 034 personnes âgées de plus de 18 ans dont ont été extraites 1 045 personnes ayant déjà voté pour le RN, interrogées en ligne du 18 au 23 mars 2021, selon la méthode des quotas.
6. *Ibid.*

(+7 points par rapport à l'ensemble des électeurs RN), 49 % à percevoir dans ce parti une capacité à avoir une vision d'avenir pour la France (+4 points), voire 45 % à le juger capable de gouverner la France (+3 points).

Tout se passe comme si l'odeur de soufre entourant le Rassemblement national et ses dirigeants, déjà dissipée avec les années dans une partie importante de l'électorat, avait quasi disparu chez ces jeunes tentés par le vote Le Pen. Rappelons que cette jeunesse n'a pas vécu les grandes manifestations contre Jean-Marie Le Pen de l'après 21 avril 2002. Or le côté traumatique de cette accession du fondateur du FN au second tour avait structuré la socialisation politique des générations précédentes. De la même façon, ces jeunes qui se montrent peu sensibles aux dérapages liés au second conflit mondial (le « détail » ou « Durafour Crématoire ») constituent une sorte d'avant-garde de la banalisation du choix en faveur de Marine Le Pen. Mais quelle jeunesse se montre la plus disposée à voter pour la présidente du RN au prochain scrutin présidentiel ? Que peut-on dire de la cartographie de son potentiel électoral ?

En premier lieu, celui-ci tend à devenir un « attrape-tout », signe de la domination frontiste dans ce gros tiers de la jeunesse. En effet, l'éventualité d'un vote Le Pen s'avère moins typée que par le passé. Certes, elle est plus élevée dans les catégories forces du RN : catégories populaires (38 % chez les employés, voire 51 % parmi les ouvriers), catégorie disposant de faibles revenus (900 à 1 300 euros mensuels : 44 %) ou peu diplômée (inférieur au baccalauréat : 46 %, et même 56 % pour les CAP-BEP).

Pour autant, à l'exception des cadres supérieurs ou professions intellectuelles – 19 % seulement voteraient pour Marine Le Pen –, le potentiel électoral de cette dernière connaît peu de creux dans les autres catégories. Il s'avère même non négligeable dans des segments traditionnellement faibles dans le vote frontiste « adulte ». C'est le cas des jeunes disposant de revenus élevés : parmi eux, le vote Le Pen dépasse de 8 points sa moyenne globale (43 % chez ceux gagnant plus de 2 500 euros mensuels). Corollaire du revenu, on enregistre chez les jeunes se percevant comme privilégiés (63 %) ou appartenant aux catégories aisées (48 %) un potentiel de vote en faveur de la présidente du RN qui dépasse nettement sa moyenne. De même, 29 % des jeunes titulaires d'un diplôme supérieur au baccalauréat envisageraient un vote Le Pen, alors qu'il s'agit d'une catégorie de conquête dans le vote RN global. Enfin, même s'il reste très marqué à droite (39 % chez les sympathisants LR), ce potentiel en faveur de Marine Le Pen existe à gauche avec plus de 1 sympathisant sur 5 (22 %) prêt à choisir la présidente du RN.

Le vote Marine Le Pen dans la jeunesse tranche fortement avec le traditionnel vote frontiste adulte : moins typé, moins populaire, plus installé socialement, perçant à gauche et à droite… Et si le choix d'adhésion à Marine Le Pen des 18-30 ans préfigurait celui de leurs aînés ? Pour autant, la principale caractéristique du vote Le Pen chez les jeunes est ailleurs. Elle a trait à la tranche d'âge, dont l'analyse révèle une fracturation du vote frontiste. En effet, auprès des 18-20 ans, c'est-à-dire les primo-votants au prochain scrutin présidentiel, le potentiel électoral de Marine Le Pen s'avère en deçà de sa moyenne (28 % *versus* 35 %). La candidate frontiste se voit dépassée par Édouard Philippe (37 %), Emmanuel Macron (35 %),

Nicolas Hulot (32 %) et Jean-Luc Mélenchon (29 %). Ce potentiel électoral plus faible parmi les électeurs de moins de 20 ans n'est pas nouveau et vient confirmer les résultats du dernier scrutin présidentiel, où le score de Marine Le Pen observé auprès des 18-24 ans (21 %) se situait au même niveau que son score auprès de l'ensemble des Français (21,3 %).

Le comportement électoral des 25-30 ans s'avère très différent, dans la mesure où le potentiel électoral de Marine Le Pen culmine là à 37 %, avec même 18 % de votes tout à fait certains (contre 29 % et 7 % pour Emmanuel Macron). Pour ce segment générationnel, la candidate du Rassemblement national occupe la « pole position ». Ici également, ce tropisme des 25-30 ans s'inscrit en continuité avec les scrutins récents marqués par un décalage croissant (4 points à l'élection de 2017 et 8 points aux dernières élections européennes) entre les moins de 25 ans et les 25-30 ans, en ce qui concerne le vote frontiste.

Cet hiatus s'explique très largement par la situation de ces deux jeunesses : aux primo-votants qui sont le plus souvent dans un parcours d'études, vivant chez leurs parents dans une relative protection par rapport aux réalités de la vie active, s'oppose la génération de l'insertion professionnelle, dont les difficultés à trouver un emploi ou un logement ont été décuplées par les conséquences économiques de la crise du Covid-19. Ces 25-30 ans frappés de plein fouet par la crise et éprouvant plus que jamais des difficultés à accéder à l'autonomie expriment davantage que les autres catégories de population ou que les générations de l'insertion précédentes la crainte d'un déclassement.

C'est cette génération des 25-30 ans, voire des 25-34 ans, amenée fréquemment à connaître la précarité des petits boulots ainsi que la désillusion du premier job, du stage arrêté ou des CV envoyés en pagaille, qui manifeste une attirance véritable vers le vote frontiste et vers ce parti « porte-voix » de ses frustrations. Et ce, d'autant plus que Marine Le Pen a, depuis le début de la crise, envoyé à cette génération de l'insertion des messages censés montrer sa préoccupation. On peut citer sa proposition de revalorisation de 25 % des aides au logement pour les jeunes jusqu'à 27 ans ou de création d'un fonds de solidarité pour compenser la disparition des jobs étudiants. Tout ceci explique l'enracinement du RN comme première force politique dans cette fraction de la jeunesse. À cet égard, l'enquête d'intentions de vote menée par l'IFOP à un an du premier tour[7] avait constitué une parfaite synthèse de la situation de Marine Le Pen auprès des jeunes : la candidate y obtenait le score le plus élevé toutes générations confondues auprès des 25-34 ans (35 %, soit 10 points de plus que sa moyenne globale) avec un creusement spectaculaire de l'écart avec le score observé chez les moins de 25 ans (19 %), qui atteignait désormais 16 points.

Symétriquement, la même « histoire » peut être racontée s'agissant des catégories générationnelles les plus âgées. Quand le potentiel électoral de Marine Le Pen demeure limité auprès des personnes âgées de plus de 65 ans (12 % d'intentions de vote dans cette enquête), la candidate

7. Intentions de vote IFOP-Fiducial pour *Le Journal du dimanche* et Sud Radio, 1 730 personnes inscrites sur les listes électorales, extraites d'un échantillon de 2 003 personnes âgées de 18 ans et plus, interrogées en ligne du 2 au 8 avril 2021.

surperforme dans la génération des 50-64 ans, à savoir parmi les personnes dont l'emploi est tendanciellement menacé dans l'entreprise. Ces seniors à la faible capacité d'épargne voient l'arrivée de la retraite avec angoisse et sur un plan intime sont souvent confrontés à la dépendance de leurs parents dans le quatrième âge.

Ainsi, ces 25-34 ans et 50-64 ans fragilisés, générations charnières au commencement ou à la fin de la vie professionnelle, constituent désormais le cœur de l'électorat RN dans la perspective de 2022.

UN VOTE MACRON DANS LA JEUNESSE, DÉCALQUE DE CELUI EN FAVEUR DE MARINE LE PEN

Président sortant et ayant connu à bien des égards un mandat *horribilis* scandé par une conjonction de crises – des Gilets jaunes aux mobilisations contre la réforme des retraites, avec pour finir le Covid-19, « crise des crises » –, Emmanuel Macron tient le choc dans la jeunesse. Il bénéficie en effet d'un potentiel électoral de 31 %, seulement dépassé par son ex-Premier ministre et par la candidate du RN. Cette résistance dans la jeunesse se distingue nettement de ses deux prédécesseurs, très rapidement démonétisés auprès des 18-30 ans. Elle vient également confirmer la bonne tenue du chef de l'État dans les enquêtes de popularité : Emmanuel Macron y recueille ses scores de satisfaction les plus élevés aux deux extrêmes du spectre générationnel (18-24 ans et 65 ans et plus).

Le potentiel électoral du président sortant auprès des jeunes électeurs constitue le parfait décalque de celui précédemment observé pour Marine Le Pen. Les électorats des deux derniers finalistes du scrutin de 2017, absolument antagonistes, semblent se superposer sans zones de frottement. C'est particulièrement notable s'agissant des tranches d'âge alors qu'au soir du premier tour de 2017 le candidat En Marche ! recueillait des scores identiques chez les 18-24 ans et parmi les 25-30 ans.

À la différence de la présidente du Rassemblement national, Emmanuel Macron bénéficie d'un potentiel électoral très supérieur à sa moyenne chez les moins de 20 ans (35 %), un résultat qui confirme la popularité satisfaisante d'Emmanuel Macron auprès des jeunes majeurs. Les motifs de séduction évoqués par cette catégorie placent le président de la République dans une logique de distinction. En rupture avec le personnel politique traditionnel, ces primo-votants mettent en exergue la jeunesse, le dynamisme et le parler cash du personnage Macron et perçoivent clairement la finalité de son action : faire bouger les choses dans une France bloquée. En ce sens, Emmanuel Macron bénéficie dans une partie de cette jeunesse d'une proximité identificatoire, une sorte d'« effet Manu », un président qui leur ressemble.

Sans surprise, et en décalque parfait avec la structure d'âge des partisans de Marine Le Pen, Emmanuel Macron ne bénéficie pas du même soutien chez les 25-30 ans (28 % de potentiel électoral). Il pâtit de son statut de sortant auprès de cette génération de l'insertion. D'une part, il paye les conséquences économiques de la crise qui, on l'a vu, touchent de plein fouet une partie de ces jeunes, actifs ou à la recherche d'un premier emploi. Pour autant, cette sanction attendue du sortant dans ce contexte de crise jamais vu n'explique pas complètement la moindre séduction à son égard. Emmanuel Macron se voit également reprocher par ces jeunes actifs les premières mesures prises au début du quinquennat comme la baisse de 5 euros sur les APL, la réforme de l'impôt de solidarité sur la fortune. Ces décisions, jugées injustes, ont assigné le nouveau président dans le camp du libéralisme. Dès lors, ces jeunes actifs vont tendre à décoder toute mesure prise par le président ou son gouvernement comme un cadeau fait à la France aisée et *a contrario* un mauvais coup adressé à la France des classes moyennes et populaires.

Ces perceptions sont d'ailleurs corroborées par l'analyse du potentiel électoral d'Emmanuel Macron dans la perspective de 2022. Il obtient en effet des scores très importants chez les jeunes se définissant comme privilégiés ou aisés (respectivement 58 % et 49 %), puis ce potentiel décroît au fur et à mesure pour atteindre des scores très faibles au sein des catégories populaires et défavorisées (17 % et 11 %). Plus que jamais et à la différence de Marine Le Pen, le probable candidat Emmanuel Macron sera celui d'une jeunesse protégée ou du moins qui va bien.

Notons qu'Édouard Philippe est testé dans cet indicateur de potentiel électoral. Alors que sa candidature à l'élection présidentielle semble très improbable sauf à envisager un renoncement du président sortant, l'ancien Premier ministre bénéficie d'un score un peu plus élevé que ce dernier. Surtout, la structure de ses soutiens s'apparente très largement à celle du locataire de l'Élysée : percée chez les moins de 20 ans, scores plus élevés dans la jeunesse issue des catégories sociales supérieures (58 % parmi les catégories privilégiées *versus* 24 % voire 14 % parmi les catégories se situant comme populaires ou défavorisées).

LA DÉSAFFECTION À L'ÉGARD DES PARTIS DE GOUVERNEMENT

Au-delà de cette domination du duel Macron-Le Pen dans les préférences électorales des 18-30 ans, ceux-ci ne manifestent guère d'attrait pour les candidats issus des traditionnels partis de gouvernement. En ce sens, la logique du « 42 avril », à savoir l'élimination au premier tour du dernier scrutin présidentiel des représentants du Parti socialiste et des Républicains, continue à structurer les choix des jeunes électeurs.

C'est particulièrement vrai pour ce qui concerne les candidats de droite testés, Xavier Bertrand[8] et Valérie Pécresse. Ces deux personnalités pâtissent d'un potentiel électoral limité, peu enraciné (3 % à 4 % de votes tout à fait certains) et peu différencié. En effet, on observe peu d'évolutions selon les différentes composantes sociodémographiques des moins de 30 ans. Recueillant des scores plus de 2,5 fois inférieurs à Marine Le Pen, Valérie Pécresse et Xavier Bertrand sont également nettement devancés par la candidate du RN au sein même de l'électorat de droite (50 % contre respectivement 21 % et 29 %). Seul Édouard Philippe parvient à faire jeu égal avec elle dans cet électorat de droite. Ce très faible attrait pour la droite éprouvé par la jeunesse ne constitue pas véritablement un fait nouveau mais s'inscrit plutôt en continuité avec le mouvement de désaffection touchant les candidats de ce camp politique, depuis l'élection présidentielle de 2007 jusqu'au score plancher recueilli par François Fillon (12 % chez les

---

8. L'enquête a été réalisée avant l'annonce de candidature de Xavier Bertrand.

18-24 ans). Tout juste Xavier Bertrand comme Valérie Pécresse peuvent-ils espérer bénéficier d'une dynamique électorale dans la dernière ligne droite de la campagne de 2022, laquelle par ricochet atteindrait les jeunes auprès desquels ils restent peu connus (respectivement 29 % et 28 % des jeunes ne se prononcent pas sur eux).

La situation de la gauche chez les moins de 30 ans est à peine plus satisfaisante et s'inscrit plus globalement dans le contexte de crise historique et de faible désirabilité des prétendants issus de ces rangs. Aucun des candidats testés provenant des rangs de l'ancienne gauche plurielle (Parti communiste, Parti socialiste et Europe Écologie Les Verts) ne parvient à atteindre ne serait-ce qu'un potentiel de 20 %, ni à disputer le primat du vote des jeunes à Emmanuel Macron et Marine Le Pen.

Ce contexte ultra-compliqué s'il ne devait pas être rectifié en 2022 marquerait une rupture franche avec le tropisme de gauche de la jeunesse que la plupart des scrutins ont révélé depuis 1981. Au cœur de cette rupture figure le dernier exercice du pouvoir par la gauche, à travers le quinquennat de François Hollande, qui a acté la césure entre la gauche de gouvernement et la jeunesse. Le vote de la loi Taubira plébiscité chez les moins de 30 ans n'a pas compensé de multiples déceptions enregistrées dans les indices IFOP/*JDD*. On peut citer sans hiérarchie réelle l'affaire Cahuzac, le projet de déchéance de la nationalité, la loi Travail ou encore la mort dramatique de Rémi Fraisse.

L'indicateur d'autopositionnement sur l'axe gauche-droite acte cette perte de crédit de la gauche dans la jeunesse. L'évolution sur quarante ans est très nette : en 1981, 36 % des jeunes se plaçaient à gauche (notes de 1 à 4), ils n'étaient plus que 30 % en 1999.

Question : On classe habituellement les Français sur une échelle qui va de la gauche à la droite, où 1 est la position la plus à gauche et 10 la position la plus à droite. Vous personnellement, où diriez-vous que vous vous situez sur cette échelle ?

	Jeunes Valeurs des jeunes (O. Galland/ B. Roudet) 1981	**Jeunes Nouvelle Vague 1999**	**Jeunes Nouvelle Vague 2021**	**Comparatif Ensemble des Français 6-7 Avril 2021**
	(%)	(%)	(%)	(%)
• Gauche (note 1 à 4)	36	30	21	19
• Centre (note 5 à 6)	33	36	28	29
• Droite (note 7 à 10)	11	10	25	33
• *Vous ne savez pas*	20	24	26	19
TOTAL	100	100	100	100

Aujourd'hui, 21 % des 18-30 ans se positionnent à gauche, à peine plus que l'ensemble des Français (19 %). Plus précisément, à quelques mois du scrutin, deux femmes, Anne Hidalgo et Christiane Taubira émergent en tête à parfaite égalité auprès de l'ensemble des électeurs comme parmi les sympathisants de gauche (34 %). Elles devancent le principal représentant d'EELV Yannick Jadot. De manière encore plus nette qu'auprès de l'ensemble des Français, cette hiérarchie révèle la difficulté du mouvement écologiste à traduire en crédit électoral la prise de conscience de l'opinion, et plus spécifiquement la mobilisation des jeunes en faveur du climat. Nicolas Hulot bénéficiant d'un potentiel électoral plus élevé (27 %) parvient à davantage capitaliser sur l'engagement des jeunes pour le climat. Toutefois, son potentiel électoral dans la jeunesse reste « de papier », tant il a connu démonétisation et affaiblissement de sa crédibilité suite à sa démission du gouvernement en septembre 2018 et plus largement à cause de ses atermoiements face à l'obstacle présidentiel.

Dans ce marasme caractérisant la gauche, seul Jean-Luc Mélenchon parvient à surnager. Le leader de La France insoumise bénéficie d'un potentiel électoral non négligeable, de 10 points supérieur au moins à celui des autres prétendants de gauche. Dans le détail par catégories, le vote Mélenchon apparaît à gauche comme le plus typé et identifié, avec des scores significativement supérieurs à la moyenne parmi les lycéens, les demandeurs d'emploi, les ouvriers ou enfants d'ouvrier, les personnes disposant de revenus modestes ou d'un diplôme inférieur au baccalauréat.

La troisième candidature présidentielle de Jean-Luc Mélenchon ne bénéficie pas, tant s'en faut, d'un élan particulier chez les Français, tant l'image du candidat « insoumis » s'est disloquée depuis 2017, avec en point d'orgue son attitude lors de la perquisition des locaux de son parti. Mais, auprès d'une fraction importante de la jeunesse, le charme de Mélenchon joue toujours. C'est d'ailleurs uniquement chez les 18-30 ans que le candidat LFI parvient à renouer avec ses scores de l'élection de 2017, en obtenant par exemple 22 % d'intentions de vote dans une enquête réalisée en avril 2021[9]. À gauche, Jean-Luc Mélenchon s'avère le mieux placé pour capitaliser sur la recherche de radicalité à l'œuvre dans une partie de la jeunesse, la plus politisée et engagée à gauche. Ce mouvement est de surcroît favorisé par les multiples signaux envoyés par le leader des « insoumis » via des canaux jeunes de TikTok, à sa chaîne YouTube, de Twitch à Instagram.

---

9. Intentions de vote IFOP-Fiducial pour *Le Journal du dimanche* et Sud Radio du 2 au 8 avril 2021, déjà citée.

CONCLUSION

Que la valorisation des jeunes électeurs par les prétendants à la magistrature suprême relève du folklore présidentiel ou de l'inédit peut nous inciter à croire que le temps de la jeunesse est venu.

En effet, jamais depuis ces derniers mois, le processus de totémisation de la jeune génération n'a été poussé à un tel paroxysme et n'a surpassé autant les campagnes passées. D'aucuns parleraient d'un Concours Lépine de la mesure capable de séduire la jeunesse et surtout d'installer son initiateur ou son initiatrice comme le candidat ou la candidate des jeunes.

La journaliste Jacqueline Rémy concluait en 1999, à la lumière des résultats de l'enquête Nouvelle Vague menée au tournant du siècle, que « les moins de 30 ans ne veulent pas le pouvoir. C'est le contre-pouvoir qu'ils cherchent ». Et aujourd'hui, cette jeunesse veut-elle aller plus loin et capitaliser sur cette attention dont elle est l'objet ? De la jeunesse « sujet d'attention » peut-on aller vers des 18-30 ans « acteurs à part entière » ? Et plus directement : est-ce que la jeunesse peut peser sur les résultats du scrutin présidentiel de 2022 ?

Elle peut au préalable sauver un scrutin à bien des égards mal parti. Entre la poursuite du cycle abstentionniste cruellement révélée par le dernier scrutin régional, la crainte d'une campagne polarisée médiatiquement par la revanche du match Macron-Le Pen de 2017 et le rythme de la campagne scandée, comme en 2002, par l'irruption dans le champ politique de faits divers, les risques d'indifférence voire d'exit de l'électorat s'avèrent d'ores et déjà élevés.

Toutefois, le souhait massivement exprimé par les Français de voir la période Covid être mise à distance plaide indirectement en faveur d'une campagne présidentielle à venir centrée sur la jeunesse. En effet, les attentes des Français sont on ne peut plus claires. À une campagne présidentielle « diagnostic » qui reviendrait sur le bilan cathartique de la crise Covid et par là sur les dysfonctionnements de l'action des pouvoirs publics, matérialisant le déclin français, les électeurs appellent de leurs vœux une campagne au cours de laquelle les candidats s'inscriront, à travers leurs propositions, dans le France de demain. Et quelle catégorie, autre que la jeunesse est susceptible d'incarner cette surface de projection et d'être identifiée par l'écosystème de la campagne présidentielle (candidats, journalistes et éditorialistes, réseaux sociaux) comme les représentants de cette France idéalisée sortant renforcée de la pandémie ?

Profondément bousculée par une crise inédite, la jeunesse a su globalement surmonter cette terrible épreuve et semble engager des transformations réelles dans la société. La génération des 18-30 ans a en effet pu traverser cette crise sanitaire, et même si ses conséquences et ses impacts sont évidents, ces jeunes continuent à faire preuve d'un optimisme conquérant pour l'avenir. Malgré les grandes incertitudes traversant cette jeunesse, s'agissant notamment de sa situation ou de celle du pays, une chose est certaine : les jeunes Français défient très clairement le scepticisme ambiant.

L'après-crise, appelé communément « le monde d'après », procédera ainsi de cette jeunesse, celle qui conduit, voire contraint le monde à changer avec elle. Les tendances et les analyses proposées dans cet ouvrage ont révélé en quoi les jeunes influencent et accompagnent les changements de notre société sur un ensemble de registres.

Cette grande résilience est susceptible d'amplifier au cours de la campagne présidentielle leur sentiment de légitimité à œuvrer aux changements du monde qui vient. Cette épreuve peut ainsi constituer un tournant pour une génération qui se sait différente des autres, car sans doute davantage consciente qu'elle peut compter et influencer encore plus son environnement. Plus que jamais, le séisme qui a fait trembler notre monde a permis de tordre le cou à l'idée d'une génération « enfant gâté ».

L'enquête Nouvelle Vague a révélé les croyances de cette « Génération 2021 ». Elle est tout à la fois lanceuse d'alerte et « soldat au front », bien décidée à inscrire dans la durée ses valeurs, son rapport au travail, sa vision de la politique, ses usages et ses pratiques en matière d'information, ses aspirations pour les enjeux écologiques, ses nouvelles façons de consommer…

Sur l'ensemble de ces sujets, les jeunes Français ont, finalement, déjà commencé à peser sur le cours des choses et à drainer de nombreux changements. L'exemple de l'enjeu environnemental est, en ce sens, marquant. Il montre bien en quoi nous ne sommes pas face à un effet d'âge, mais bien en présence d'une génération singulière. Difficile de croire, en effet, que les aspirations en matière écologique changeront avec le temps, voire qu'elles pourraient s'effacer avec l'avancée en âge. La prise de conscience comme les usages se sont imposés et sont devenus naturels aussi grâce à cette jeunesse. Il est également difficile de croire que les transformations du rapport au travail se diluent à l'avenir. L'engagement des entreprises dans de multiples réflexions concernant les formes de travail, le sens des missions, de leur engagement sociétal sont aussi une façon de répondre aux nouvelles exigences des jeunes Français.

D'ailleurs, au-delà des mesures qui leur sont destinées, les jeunes ont déjà commencé à changer la politique en faisant évoluer la façon dont elle se pratique. Le fameux exercice du duel Macron-McFly et Carlito, l'investissement des politiques sur les réseaux sociaux et dans des formats différents des canons classiques de la politique nous engagent à poser un constat clair : la politique se pense et se fait différemment. Les espaces de discussion, d'échange, de débat se déplacent très largement et poussent le personnel politique, élu ou candidat, à transformer la façon d'incarner sa représentation, bref de faire de la politique. Certains diraient qu'il peut y avoir un risque à toujours céder aux pratiques nouvelles qui bouleversent un monde politique pétri de traditions… La campagne présidentielle à venir pourra constituer, sous la houlette de la jeunesse, le point de rupture entre moyens traditionnels et nouvelles pratiques de s'adresser à l'électorat.

Mais aujourd'hui le fait est assez entendu pour être souligné : les canaux d'information qui sont à l'origine l'apanage des plus jeunes sont susceptibles d'avoir une influence réelle sur le déroulé des campagnes électorales et le vote.

Emil Cioran écrivait : « On cesse d'être jeune au moment où l'on ne choisit plus ses ennemis, où l'on se contente de ceux qu'on a sous la main. » Il semble évident que cette jeunesse post-Covid compte bien garder le privilège nécessaire et vital de s'interroger encore et de ne pas se contenter du monde tel qu'il est. Sans doute devrions-nous accepter qu'elle puisse se réinventer en 2022, et nous tous avec elle.

LISTE DES ENQUÊTES ET SONDAGES CITÉS

- Baromètre CEVIPOF réalisé par Opinionway, 2044 personnes âgées de plus de 18 ans interrogées en ligne du 16 au 30 décembre 2016, selon la méthode des quotas.
- Baromètre CEVIPOF réalisé par Opinionway, 2105 personnes âgées de plus de 18 ans interrogées en ligne du 20 au 31 janvier 2021, selon la méthode des quotas.
- Baromètre de la Transformation IFOP pour No Com, 1501 personnes âgées de plus de 18 ans interrogées en ligne du 3 au 8 juin 2020, selon la méthode des quotas.
- Baromètre IFOP pour *L'Opinion* et la Fondation Concorde sur le libéralisme, 1032 personnes âgées de plus de 18 ans interrogées en ligne du 13 au 14 octobre 2020, selon la méthode des quotas.
- Baromètres IFOP pour *L'Humanité*, Être de gauche aujourd'hui, 2010 personnes interrogées en ligne du 4 au 7 septembre 2020, selon la méthode des quotas.
- Enquête IFOP pour ACTED, 1000 jeunes âgés de 15 à 35 ans interrogés en ligne en novembre 2020, selon la méthode des quotas.
- Enquête IFOP pour Havas Paris sur la République et les entreprises républicaines, 1021 personnes âgées de plus de 18 ans interrogées en ligne du 9 au 10 décembre 2020, selon la méthode des quotas.
- Enquête IFOP pour Havas Paris, 1021 personnes

interrogées en ligne en décembre 2020, selon la méthode des quotas.

- Enquête IFOP pour *L'Express*, 600 personnes âgées de 15 à 29 ans interrogées par téléphone du 18 au 19 mai 1999.
- Enquête IFOP pour *L'Express*, 1 002 personnes âgées de 18 à 24 ans, échantillon représentatif de la population française. Cet indicateur sur l'optimisme a été administré aux seuls actifs.
- Enquête IFOP pour *La Tribune*, 1 017 personnes âgées de 18 à 30 ans interrogées en ligne du 2 au 6 octobre 2020, selon la méthode des quotas.
- Enquête IFOP pour le Comité Laïcité République, échantillon de 2 034 personnes représentatif de la population française âgée de 15 ans et plus par questionnaire auto-administré en ligne du 20 au 22 octobre 2020.
- Enquête IFOP pour *Le Journal du dimanche*, 1 021 personnes âgées de plus de 18 ans interrogées en ligne le 1er avril 2021, selon la méthode des quotas.
- Enquête IFOP pour les éditions Les Arènes, 1 513 personnes âgées de 18 à 30 ans interrogées en ligne du 12 au 17 février 2021, selon la méthode des quotas.
- Enquête IFOP pour *Marianne*, 1 006 personnes âgées de 18 à 30 ans interrogées en ligne du 13 au 18 novembre 2020, selon la méthode des quotas.
- Enquête IFOP pour Temps commun, 1 000 personnes âgées de 18 à 34 ans interrogées en ligne du 15 au 20 janvier 2021, selon la méthode des quotas.
- Enquête IFOP-Fiducial pour CNews et Sud Radio, échantillon de 1 020 personnes, représentatif de la population française âgée de 18 ans et plus par questionnaire auto-administré en ligne du 17 au 18 juin 2020.
- Enquête IFOP-Fiducial pour CNews et Sud Radio,

échantillon de 1 002 personnes, représentatif de la population française âgée de 18 ans et plus par questionnaire auto-administré en ligne du 20 au 21 octobre 2020.

- Enquête IFOP-Fiducial pour *Le Journal du dimanche* et Sud Radio, « Radioscopie de l'électorat du Rassemblement national à un an de l'élection présidentielle de 2022 », 1 045 personnes ayant déjà voté pour le Rassemblement national, extraites d'un échantillon de 3 034 personnes interrogées du 18 au 23 mars 2021, selon la méthode des quotas.
- Enquête post-électorale IFOP pour le CEVIPOF, 4 006 personnes âgées de 18 ans et plus, échantillon représentatif de la population française inscrite sur les listes électorales, interrogées du 9 au 23 mai 2007.
- Étude IFOP pour Cadremploi, 1 000 cadres français, échantillon représentatif des cadres salariés, interrogés en ligne du 15 au 22 février 2019.
- Étude IFOP pour Cadremploi, 1 000 cadres français, échantillon représentatif des cadres salariés, interrogés du 2 au 8 juillet 2020.
- Étude IFOP pour Les Républicains, 2 008 personnes âgées de 18 ans et plus interrogées en ligne du 11 au 14 septembre 2020, selon la méthode des quotas.
- Étude Viavoice en collaboration avec Freethinking pour Mazars, Le Visage de l'entreprise de demain, 2 000 Français âgés de 18 ans et plus, avril 2021.
- Étude Viavoice en collaboration avec Freethinking pour Mazars, Le Visage de l'entreprise de demain.
- Étude Viavoice pour Manpower, Portrait de la jeunesse au travail et dans la société, échantillon représentatif de 1 000 jeunes de 18 à 30 ans, janvier 2019.

- Étude Viavoice pour The Good Company, *Communication for Good*, 1 000 personnes interrogées en ligne du 24 au 28 avril 2020, selon la méthode des quotas.
- IFOP pour ANACEJ, 1 202 personnes, échantillon représentatif de la population française âgée de 18 à 25 ans, interrogées en ligne du 12 au 21 avril 2016, selon la méthode des quotas.
- IFOP pour Europe 1, Les valeurs des Français en 2011, 1 040 personnes âgées de plus de 18 ans interrogées en ligne du 2 au 4 novembre 2011, selon la méthode des quotas.
- IFOP pour l'association Avenir des jeunes, 1 506 personnes âgées de 16 à 28 ans interrogées en ligne du 30 mars au 8 avril 2021, selon la méthode des quotas.
- IFOP pour les groupes LR à l'Assemblée nationale et au Sénat, 2 008 personnes interrogées en ligne du 11 au 14 septembre 2020, selon la méthode des quotas.
- IFOP pour No Com, Tableau de bord de la transformation des entreprises, 1 002 personnes, échantillon représentatif de la population salariée de plus de 500 salariés, interrogées en ligne du 2 au 9 février 2021.
- IFOP pour Sciaci Saint-Honoré et Wittyfit, 1 006 personnes interrogées en ligne du 17 au 22 novembre 2020, échantillon représentatif de la population salariée.
- IFOP-Fiducial pour *Le Journal du dimanche* et Sud Radio, 1 730 personnes inscrites sur les listes électorales, interrogées en ligne du 2 au 8 avril 2021.
- L'Observatoire de la démocratie Viavoice – Institut Marc-Sangnier – Fondation Jean-Jaurès – Revue Civique, 1 020 personnes interrogées en ligne du 6 au 7 mars 2019, selon la méthode des quotas.

- L'Observatoire des tendances de consommation Viavoice-Audioptic, 3 000 Français âgés de 18 ans et plus interrogés en ligne en février 2021, selon la méthode des quotas.
- Norme IFOP 2020 de climat social, 1 013 salariés, représentatifs des salariés français, interrogés en ligne du 21 au 23 septembre 2020, selon la méthode des quotas.
- Observatoire des identités Viavoice pour *Usbek & Rica*, 1 000 Français âgés de 18 ans et plus, septembre 2021.
- Observatoire des identités Viavoice pour *Usbek & Rica*, 1 000 personnes interrogées en ligne en février 2021.
- Sondage IFOP pour *Charlie Hebdo*, 1 020 personnes âgées de plus de 15 ans ainsi qu'un échantillon de 515 personnes se déclarant de religion musulmane, interrogés en ligne du 6 au 17 octobre 2020, selon la méthode des quotas.
- Sondage IFOP pour Coca-Cola, 691 personnes âgées de 16 à 30 ans interrogées en ligne du 5 au 10 décembre 2013.
- Sondage IFOP pour Freelance.com, 1 004 personnes représentatives de la population cadre du privé, âgées de plus de 18 ans, interrogées en ligne du 21 au 28 décembre 2020.
- Sondage IFOP pour la LICRA, échantillon de 1 006 personnes, représentatif de la population lycéenne âgée de plus de 15 ans, interrogé en ligne du 15 au 20 janvier 2021, selon la méthode des quotas.
- Sondage IFOP pour le Comité Laïcité République, 2 034 personnes, âgées de plus de 18 ans interrogées en ligne du 20 au 22 octobre 2020, selon la méthode des quotas.

- Sondage IFOP pour *Le Journal du dimanche*, 958 personnes âgées de 18 ans et plus interrogées par téléphone à leur domicile le 15 juillet 2005, selon la méthode des quotas.
- Sondage IFOP pour *Le Journal du dimanche*, 1 515 personnes interrogées en ligne du 22 au 23 avril 2021, selon la méthode des quotas.
- Sondage IFOP-Fiducial pour Sud Radio, 1 002 personnes âgées de plus de 18 ans interrogées en ligne du 28 au 29 avril 2021, selon la méthode des quotas.
- Sondage IFOP-Fiducial pour Sud Radio, Balise d'opinion #136, 1 014 personnes âgées de 18 ans et plus interrogées en ligne du 20 au 21 avril 2021.
- Sondage Jour du vote IPSOS-Vizzavi pour *Le Figaro*, Europe 1 et France 2, 4 044 électeurs interrogés le 21 avril 2002.
- Tableau de bord IFOP-Fiducial pour *Paris Match* et Sud Radio, 1 000 personnes interrogées chaque mois, selon la méthode des quotas.
- WorkPlace, IFOP pour la Société foncière lyonnaise, 3 000 salariés travaillant dans un bureau, interrogés en ligne (1 500 en février 2020, avant le premier confinement, 1 500 en septembre, après ce premier confinement).
- WorkPlace, IFOP pour Société foncière lyonnaise, 1 922 salariés franciliens d'entreprise de plus de 10 salariés, interrogés en ligne du 26 janvier au 11 février 2018.

REMERCIEMENTS

Je tiens à remercier ma mère, mes deux frères, mes nièces et neveux ainsi que toute ma merveilleuse famille pour m'avoir encouragé pendant la période de rédaction de ce livre et avoir systématiquement su dissiper mes doutes. Une mention spéciale à Mireille et Gilbert Dabi ainsi qu'à Yohann Dabi pour sa parabole du judoka !

Merci à mon éditeur Les Arènes, à Laurent Beccaria et à Jean-Baptiste Bourrat pour m'avoir proposé de faire ce livre chez eux, et à Samuel Grzybowski de nous avoir mis en relation. Cette intuition de mener une enquête sur la jeunesse de France rejoignait les propos de Soazig Quemener, m'encourageant, à la suite d'un sondage IFOP/*Marianne* de novembre 2020 sur les fractures générationnelles, à coucher mes réflexions sur le papier. Je tiens à lui exprimer toute ma gratitude.

Dans la période de rédaction de ce livre, j'ai eu la chance de pouvoir compter sur des relecteurs avisés et bienveillants : un immense merci à Florian Delorme pour l'ensemble de ses conseils et remarques pertinentes. Ma gratitude va également à Florent Pestre pour la justesse de ses avis sur ce manuscrit.

Je tiens également à remercier François Legrand, mon ami et collègue de l'IFOP, pour avoir élaboré et réalisé l'enquête exclusive Nouvelle Vague 2021 qui sert de fil rouge à ce livre sur la génération des 18-30 ans.

Enfin, je n'ai pas de mots assez forts pour remercier Pisey qui partage ma vie depuis dix ans.

Frédéric Dabi

Un grand merci à l'équipe des éditions Les Arènes de nous avoir accompagnés et guidés dans ce beau projet d'écriture.

Je souhaite également remercier mes collègues et amis de Viavoice dont on croise certains des travaux dans ce livre et qui portent l'ambition de mieux comprendre le monde tel qu'il va en acceptant sa complexité.

À mes parents, mes sœurs et mon frère et à toute ma famille qui, malgré les « époques malchanceuses », m'a offert le privilège d'écrire ces pages. À Guido et Mimi pour leur générosité et leur soutien si précieux pour moi.

Enfin, je tiens à remercier celle qui partage mes doutes et tous ces nouveaux défis. Elle a relu ces pages avec intelligence, patience et bienveillance, à son image. Merci à Silvia, sans qui tout cela n'aurait jamais pu exister.

Stewart Chau

TABLE

L'EXEMPLAIRE QUE VOUS TENEZ ENTRE LES MAINS
A ÉTÉ RENDU POSSIBLE GRÂCE AU TRAVAIL DE TOUTE UNE ÉQUIPE.

COUVERTURE ET CONCEPTION GRAPHIQUE : Éric Pillault
RÉVISION : Fabrice Émont, Gina de Rosa et Isabelle Paccalet
MISE EN PAGE : Soft Office
PHOTOGRAVURE : Axiome
FABRICATION : Marie Baird-Smith et Lucie Le Bon
COMMERCIAL ET MARKETING : Pierre Bottura
RELATIONS LIBRAIRES : Jean-Baptiste Noailhat et Damien Nassar
PRESSE ET COMMUNICATION : Jérôme Lambert avec Axelle Vergeade
LES ARÈNES DU SAVOIR : Pierre Bottura avec Marc Blactot,
Laura Darmon, Adèle Hybre, Guillaume Lollier et Clémentine Malgras

RUE JACOB DIFFUSION : Élise Lacaze (direction), Katia Berry (grand Sud-Est), François-Marie Bironneau (Nord et Est), Charlotte Jeunesse (Paris et région parisienne), Christelle Guilleminot (grand Sud-Ouest), Laure Sagot (grand Ouest), Diane Maretheu (coordination), Charlotte Knibiehly (ventes directes) et Camille Saunier (librairies spécialisées)

DISTRIBUTION : Interforum

DROITS FRANCE ET JURIDIQUE : Geoffroy Fauchier-Magnan
DROITS ÉTRANGERS : Sophie Langlais
ACCUEIL ET LIBRAIRIE : Laurence Zarra
ANIMATION : Sophie Quetteville
ENVOIS AUX JOURNALISTES ET LIBRAIRES : Vidal Ruiz Martinez
COMPTABILITÉ ET DROITS D'AUTEUR : Christelle Lemonnier,
Camille Breynaert et Christine Blaise
SERVICES GÉNÉRAUX : Isadora Monteiro Dos Reis

L'ensemble de cet ouvrage a été réalisé dans le respect
des règles environnementales en vigueur. Il a été imprimé
par un imprimeur certifié Imprim'vert, sur du Lac 2000 PEFC
pour l'intérieur et une carte Crescendo PEFC pour la couverture.

PEFC™
10-31-2541
Certifié PEFC
Ce produit est issu de forêts gérées durablement et de sources contrôlées
www.pefc-france.org

La couverture a été imprimée par Déjà Link à Stains
(Seine-Saint-Denis).

Achevé d'imprimer en France sur les presses
de l'imprimerie Normandie Roto s.a.s. à Lonrai (Orne)
en août 2021.

ISBN : 979-10-375-0470-8
Numéro d'impression : 2103894
Dépôt légal : Septembre 2021